城市轨道交通客流出行可视化技术

刘　浩　葛启彬　李民伟
隋莉颖　张　勇　陈艳艳　◆ 著

人民交通出版社股份有限公司
China Communications Press Co.,Ltd.

内 容 提 要

本书基于北京市轨道交通一卡通刷卡数据,结合轨道交通多个应用案例,利用可视化分析方法,挖掘北京市轨道交通的时空出行规律及分布特征。全书共分七章,包括绪论、城市轨道交通空间功能可视化、城市轨道交通网络客流统计分析可视化、城市轨道交通客流移动轨迹可视化、城市轨道交通客流出行特征可视化、城市轨道交通客流类别可视化、结束语等内容。

本书可供交通科研院所、交通运输行业管理及技术人员使用,亦可作为交通运输规划与城市规划相关专业师生的参考用书。

图书在版编目(CIP)数据

城市轨道交通客流出行可视化技术 / 刘浩等著. —北京 : 人民交通出版社股份有限公司, 2016.11
ISBN 978-7-114-13415-9

Ⅰ.①城… Ⅱ.①刘… Ⅲ.①城市铁路—旅客运输—客流—交通特征—研究 Ⅳ.①U239.5

中国版本图书馆 CIP 数据核字(2016)第 259687 号

书　　名: 城市轨道交通客流出行可视化技术
著 作 者: 刘　浩　葛启彬　李民伟　隋莉颖　张　勇　陈艳艳
责任编辑: 张　鑫　张　洁
出版发行: 人民交通出版社股份有限公司
地　　址: (100011)北京市朝阳区安定门外外馆斜街 3 号
网　　址: http://www.ccpress.com.cn
销售电话: (010)59757973
总 经 销: 人民交通出版社股份有限公司发行部
经　　销: 各地新华书店
印　　刷: 北京盛通印刷股份有限公司
开　　本: 787×1092　1/16
印　　张: 7.5
字　　数: 250 千
版　　次: 2016 年 11 月　第 1 版
印　　次: 2016 年 11 月　第 1 次印刷
书　　号: ISBN 978-7-114-13415-9
定　　价: 60.00 元

(有印刷、装订质量问题的图书由本公司负责调换)

前　言

2015 年两会上,“大数据(big data)”一词首次写入政府工作报告。2015 年 9 月 5 日,国务院印发了《关于促进大数据发展的行动纲要》。一时间,大数据成为了各领域的重点工作之一。在交通领域,大数据成为提升政府治理能力的新途径,围绕缓解交通压力的数据分析工作再次成为新的起点。应用大数据有助于了解城市交通拥堵问题中人的出行规律和原因,实现交通和生活的和谐,提高城市的宜居性,为政府精准管理提供基于数据的科学决策。

新的支付技术手段的应用,也为交通领域的深度分析工作提供了越来越精确的数据。城市交通一卡通的应用,记录下了每一个持卡人精确的出行信息,这样的珍贵数据是以前纸质票据时代完全无法提供的。由此带来的潜在应用,使得以前无法精确分析的工作,例如出行 OD 精确获取、公共交通线网运力分析、线网最优规划等,又有了新的活力。精确的交通出行数据资源,也对分析能力提出了新的挑战,尤其是海量、高维和动态数据的分析。

如何让人明白并理解数据分析结果中的规律,常常利用形象思维将数据映射为形象视觉符号,也就是所谓“一幅图胜过千言万语”。人类对于图形的理解远远超过文字。现代的数据可视化技术综合运用计算机图形学、数据挖掘、可视化、人机交互等技术,将海量、高维的复杂数据变换为容易区分和理解的图形符号、图像、视频或动画,并以此挖掘对用户有价值的信息,洞察数据内部的规律。

轨道交通一卡通数据因其涵盖了海量丰富的、实时全面的客流刷卡出行信息而在大数据时代受到社会的广泛关注。因此,轨道交通数据可视化逐渐成为一个炙手可热的研究方向。它是数据可视化与公共交通学科、地理信息系统学科与计算机图形学科的交叉方向。对这类数据的深入挖掘和可视化分析可揭示出行数据背后隐含的移动个体的自然属性和社会属性,对掌握轨道交通客流时空分布规律和保障轨道交通高效运营管理具有广泛而深远的社会意义。

本书作者在该领域研究成果的基础上,针对北京市轨道交通一卡通刷卡数据,利用可视化分析方法,挖掘北京市轨道交通的时空出行规律及分布特征,并结合具体应用案例做了进一步诠释和分析。其中,第一章绪论,主要介绍了交通数据可视化的背景和意义、研究现状以及章节安排,主要由刘浩撰写。第二章主要介绍了城市轨道交通空间功能可视化,分析了轨道交通站点的功能类别,并进一步介绍了交通小区、行政区的空间分布特性，主要由葛启彬撰写，张勇协助完成。第三章重点介绍了城市轨道交通网络客流统计分析可视化，通过多个可视化案例分析的方式，介绍了多种可视化方法在轨道客流可视化中的应用，主要由李民伟撰写。第四章详细介绍了城市轨道客流移动轨迹可视化方法，采用了直接可视化、聚集可视化和特征可视化方法，对轨道中单一或群体客流的移动轨迹进行多角度、多维度的可视化分析，主要由隋莉颖撰写，张勇协助完成。第五章城市轨道交通客流出行特征可视化，介绍了如何提取轨道客流的多维出行特征，如出行次数、停留时间、出行距离或出行时间等，对各类特征进行可视化分析，并进一步可视化分析轨道出行与房价波动间的关联性，主要由刘浩完成，陈艳艳协助完成。第六章城市轨道交通客流类别可视化，在第五章提取的轨道客流的出行特征的基础上，对客流进行类别划分，同时通过可视化的方式分析各客流类别的时空分布属性，主要由葛启彬撰写，张勇协助完成。第七章对本书的内容进行了总结，由刘浩撰写。全书的统稿工作由刘浩完成，书中可视化程序主要由张勇完成。书稿撰写过程中，赵霞、吴克寒、王学慧、王文婷、王柳、王笑吉等研究生参与了相关章节的编写工作。

本书在整理的过程中参阅了大量国内外著作、学位论文和有关文章，有的文献可能由于疏忽未能在参考文献中列出，在此谨向本书直接或间接引用的研究成果的作者一并表示深切的谢意。此外，本书的出版得到了交通运输行业高层次人才培养项目“新一代交通视频监控可视化技术”、交通运输部建设科技项目“基于个体出行链的公交客流动态感知与特征提取技术(课题编号:2015318J37130)”、北京市科委“高影响天气下城市骨干路网交通出行精细化预报关键技术研究与应用(课题编号:Z131106002813012)”、交通运输部信息化技术研究“北京综合交通一体化出行服务关键技术研究与应用示范(课题编号:2014364X14040)”、中国博士后科学基金(一等资助)“基于视频图像处理的路网交通状态监测技术研究(课题编号:2014M560060)”、北京博士后科学基金“基于视频信号处理的交通网态势感知技术研究(课题编号:2014ZZ-65)”等项目资助。

限于作者的理论水平和实践经验，书中难免存在不妥和错误之处，恳请广大读者提出宝贵意见。

作 者

2016 年 11 月

目　　录

第一章 绪论

CHAPTER 1

第一节 数据可视化的概念

人类从外界获得的信息约有 80% 以上来自于视觉系统[1]。人类的创造性不仅取决于逻辑思维，还与形象思维密切相关。人类利用形象思维将数据映射为形象视觉符号，从中发现规律，正所谓“一幅图胜过千言万语”。信息时代带给人们前所未有的复杂海量信息，因此，运用直观便捷的数据可视化方法分析海量数据尤为重要[2]。

新兴的数据可视化技术能够应对分析海量、高维、多源和动态数据的挑战。浙江大学陈为教授指出，现代的数据可视化技术综合运用计算机图形学、图像处理、人机交互等技术，将采集或模拟的数据变换为可识别的图形符号、图像、视频或动画，并以此呈现对用户有价值的信息。用户通过可视化的感知，使用可视化交互工具进行数据分析，获取知识，并进一步提升为智慧[3]。北京大学袁晓如教授指出，数据是人类对客观事物的抽象，而可视化是通过把复杂的数据转化为可以交互的图形，帮助用户更好地理解分析数据对象，发现、洞察内在规律。人类对数据的理解和掌握是需要经过学习训练才能达到的。理解更为复杂的数据，必须越过更高的认知壁垒，才能对客观数据对象建立相应的心理图像，完成认知理解过程。好的可视化能够极大地降低认知壁垒，使复杂未知数据的交互探索变得可行[4]。中国石油大学陈明教授指出，数据可视化技术是指运用计算机图形学和图像处理技术，将数据转换为图形或图像在屏幕上显示出来，并利用数据分析和开发工具发现其中未知信息的交互处理的理论、方法和技术[3]。美国加州大学洛杉矶分校邱南森教授认为，可视化数据就是根据数值，用标尺、颜色、位置等各种视觉暗示的组合来表现数据[5]。

可见，数据可视化的基本思想是将数据的各个属性值以多维数据的形式表示，借助图形化手段从不同的维度观察数据，从而对数据进行更深入的观察和分析，以便分析者获悉数据背后隐藏的信息并转化为知识以及智慧[5,7]。它需要综合可视化、图形学、数据挖掘理论与方法，研究新的理论模型、新的可视化方法和新的用户交互手段，结合用户的主观认知和实践经验，将大尺度、复杂、矛盾、不完整、难以被直观理解的数据转化为图形或图像的形式，并在此基础上增加人与数据交互处理的理论、方法和技术，快速挖掘出贴近用户自然感知的图形化的信息，并支持交互可视化表达，可为科学研究提供创新型工具和技术手段。数据可视化已被广泛应用于商业智能分析、数据分析、数据挖掘、统计等领域[6,8-10]。

第二节　数据可视化类别

目前，数据可视化有三个主要的研究方向，分别为科学可视化、信息可视化及可视分析。下面对这三类可视化研究方向进行简单介绍。

科学可视化出现于20世纪50年代，典型例子是利用计算机创造出了图形图表。1987年，布鲁斯·麦考梅克等撰写的《Visualization in Scientific Computing》促进了可视化技术的发展，将科学计算中的可视化称为科学可视化[8]。科学可视化主要面向自然科学，如物理、化学、气象、航空航天、医学、生物等各个学科，这些学科通常需要对数据和模型进行解释、操作与处理，旨在寻找其中的模式、特点、关系以及异常情况[3]。

20世纪90年代初期，出现了信息可视化。信息可视化通过人类的视觉能力，来理解抽象信息的意思，从而加强人类的认知活动，达到驾驭日益增多的数据的能力。信息可视化结合计算机图形学、视觉设计、人机交互、心理学等跨学科领域中的技术和理论，运用视觉呈现方法将数据映射为视觉符号[11]，使用户能够处理和理解复杂数据中蕴含的信息[12]。信息可视化主要处理抽象的、非结构化、非几何的数据集合，如图表、文本、层次结构、地图、软件、复杂系统等，主要关注如何在有限的展现空间中以直观有效的方式传达大量的抽象信息，帮助领域相关的用户理解和分析数据。信息可视化更关注抽象、高维度、多层次、时空、动态的复杂数据[4]，因此需要根据特定的数据分析需求，决定数据元素的空间布局。信息可视化中的交互方法允许用户与数据的快速交互，更好地验证假设和发现内在联系。

可视分析综合运用计算机图形学、数据挖掘和人机交互等技术，将数据直观展现给用户，通过交互方式，为用户提供有效、透明的数据分析过程，以支持其分析、推理和探索数据研究[3,9]。在一个典型的可视分析流程中，系统将自动分析的结果通过可视化展示给用户，用户通过人机交互技术评价、修改和改进自动分析模型，从而得到新的自动分析结果[9]。

第三节 数据可视化的特点

在进行数据可视化之前，需要考虑以下 4 个基本问题[4]：

①研究目的。分析人员预设研究问题、研究目的及研究结果。

②研究对象。考虑拥有什么数据，并予以收集。

③研究方法。选用一种或多种可视化方式展示问题。

④研究结果及结论。分析人员判定从上述所得的可视化图表中获取的内容是否与预设的研究目的吻合，是否具有切实意义。

尽管可视化的具体步骤随数据集和项目的不同而不同，但是任何一种可视化方案都包含了 4 项基本组件：视觉暗示、坐标系、标尺以及背景信息。任何图谱都在数据支持的基础上，显式或隐式地由这 4 种组件协同创建。

（1）视觉暗示。可视化最基本的形式就是简单地把数据映射成彩色图形。它的工作原理就是大脑倾向于寻找模式。不同展示目的可选取不同的可视化视觉暗示元素，如形状、位置、长度、角度、方向、面积、体积、饱和度和色调等。其中，用醒目的颜色突出显示数据，淡化其他视觉元素，把它们当作背景。用线条和箭头引导视线移向兴趣点。这样就可以建立一个视觉层次，帮助读者快速关注数据图形的重要部分，把周围的东西都当作背景信息。利用色阶与饱和度，构建层次清晰、视觉易懂的图表，聚焦客户关注点。连续渐近色阶用来表示没有分隔需求的单一变量。深色表示较高的值，浅色表示较低的值。如果数据有着自然、清晰的分割，比如增加和减少，或者有两种不同的政治倾向，则可以用发散色阶。发散色阶就像两个或多个连续色阶的组合，相互之间的分隔表示中性值，比如零点的变化或者政治施舍的平衡。高亮显示可以引导客户在茫茫数据中马上就能够看到重点，既可以加深人们对已看到东西的印象，也可以让人们关注到应该注意的东西。

（2）坐标系。编码数据时，需要把物体放在一个结构化的空间，常用的坐标系为直角坐标系（也称为笛卡尔坐标系）、极坐标系和地理坐标系。构建不同的坐标系通常有益于从不同视角观察数据。

（3）标尺。坐标系指定了可视化的维度，而标尺则规定了在每一个维度里数据映射的物理空间范围。常用标尺有数字标尺、分类标尺（内含顺序标尺）和时间标尺，也可以用数学函数定义自己的标尺[4-5]。

（4）背景信息。背景信息可以更好地帮助用户理解数据中的5W信息，即何人（Who）、何事（What）、何时（When）、何地（Where）、为何（Why），使数据清晰，并且能正确引导客户。有时背景信息是直接画出来的，有时它们则隐含在媒介中。

第四节　交通数据可视化研究现状

交通数据的可视化可以分成基于时间维度、空间维度、时空维度的可视化。下面对交通数据可视化的研究现状进行简单介绍。

一、基于时间维度的交通数据可视化

一般来说，时间可划分为线性时间、周期性时间和分支时间。基于时间维

度的数据可视化方式强调在可视化的过程中展现数据的时变特性，如线性变化趋势、周期性变化趋势和分支变化趋势。

图 1-1a）采用基于线性时间维度的方式可视化美国纽约市一周内出租车行驶轨迹的数量统计。从时序表中能轻易获取某统计特征（如行驶轨迹数量）的时变特性[13]。图 1-1b）采用事件河流图的方式可视化某一道路交叉口处的流量

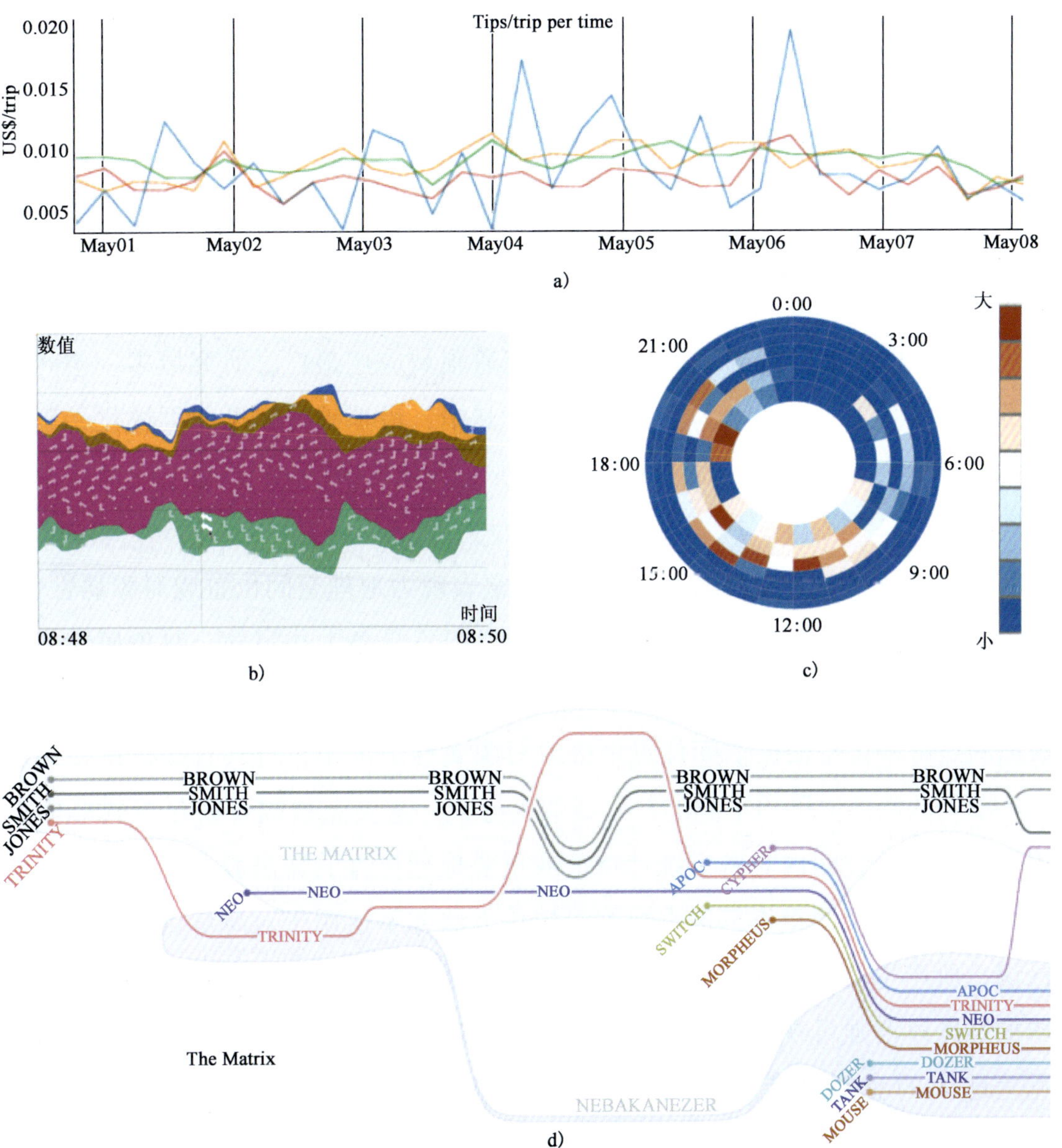

图 1-1 基于时间维度的交通数据可视化

a）出租车行驶轨迹数量统计折线图[13]；b）某一道路交叉口处的流量流向事件河流图[14]；c）交通量的周期性变化极坐标图[15]；d）电影故事情节发展叙事线图[16]

流向（如左转、直行、右转、掉头等）信息。事件河流图是另一种流行的可视化形式。它通过创建平滑、对称，并具有艺术欣赏特性的堆叠图来展现多维统计量的时变特性[14]。图1-1c）采用极坐标的布局方式可视化交通量的周期性变化特性。图中，最外圆的刻度是一天内的24h，以1h为时间间隔[15]。图中由红蓝颜色渐变表示流量由大到小。极坐标系的布局方式虽能反映某统计量的周期性变化特性，但其空间使用率较低，不利于在有限空间展示多维信息。图1-1d）采用时间分支（也称为“叙事线”）的方式可视化某一个事件或故事随时间的衍变或发展特性，常用于电影故事情节发展介绍，但目前还未应用于交通数据可视化[16]。

二、基于空间维度的交通数据可视化

基于空间维度的数据可视化方式在交通领域应用最广，研究最多。空间数据可视数的三个基本要素为点、线和面。其中，最基础、常见的可视化元素为点数据的可视化。以下分别介绍这三类视觉元素在交通数据空间可视化中的应用。

在交通数据空间可视化中，点数据通常表现为地理空间位置或对象属性值。其中，地理空间位置一般具有经纬度坐标，但不具备大小尺寸。对象属性值一般表现为某一特征参数在某种外界条件下的属性大小值或统计值。通常对这类数据的点可视化是根据空间位置坐标或对象属性值大小，将其直接标识在地图上。不同的属性值可用不同的符号或颜色标识。这类点数据可视化方式非常适用于在有限的空间内对若干统计特征或重要地理位置的突出表现，便于读者能够快速抓取图中的重点。但点数据可视化方法并不适用于对海量点数据的空间标识，所产生的严重堆叠现象不利于读者有效获取图片中的内容，需要进一步增加维度以增强可视化的表现能力。如图1-2a）所示，Migurski可视化美国奥克兰地区的犯罪地点空间分布图，并采用不同颜色表征不同种类的案件分布[17]。

线数据为两个或两个以上的点连接而成的线段。由于线数据是点数据在维度上的扩展，因此它通常包含更多维属性。在交通数据可视化中，线数据可表示为人或物体所经过的实体路径或行驶轨迹。同时，线数据也可表示为某对象属性的数值分布或关联分布。在线数据可视化中，为减少或避免在有限的图展示空间中出现线段交叉、堆叠、遮掩现象，通常会对线段中的相似部分进行类别划分、同类聚集、相似合并等抽象或聚合操作，以降低线数据的复杂度，提高线数据的计算能力，避免视觉零乱。但线数据一般维度高、量极大、计算速度慢、渲染效果差，且极易受缺失数据的干扰。对海量线数据的抽象、聚集和渲染能力极大受限于计算机的性能和数据质量好坏。因此需要进一步对线数据进行属性归纳，描述其在区域分布上的特征。如图 1-2b）所示，Charles Joseph Minard 的 1864 年法国葡萄酒出口图，图中的连线表示从法国出口到世界各地的葡萄酒的数量[18]。有向连线从法国出发指向相应的进口地区，连线的宽度表示出口数量，这些连线按照走势被绑定在一起。如图 1-2c）所示，Pual Butler 在可视化社交网络 Facebook 的好友关系时，按照用户所在的城市来聚合好友关系。线条颜色从黑色到蓝色再到白色之间的过渡，表示好友关系的数量[19]。如图 1-2h）所示，Gruendl 等使用三维平行坐标系绘制了每条轨迹在时序变化的多属性输入时，输出属性的时变特性，其中输入参数包括速度、加速度、鲁棒参数，输出参数包括起始时间、移动物体类别、平均速度、最大加速度等。他们研究了这些属性之间的时变特性，并通过属性筛选寻找到了一些异常事件[20]。图 1-2f）中利用弯曲的曲线替代柔性的气泡，采用 LinKernighan 方法近似计算最短路径。此方法的难点在于如何将一个集合的所有点用一条曲线连接，且曲线之间尽量避免自相交或弯曲。图中为美国某州内餐馆的可视化，利用颜色不同区分不同类别的餐馆，将同一类别的餐馆用一条曲线连接起来[21]。

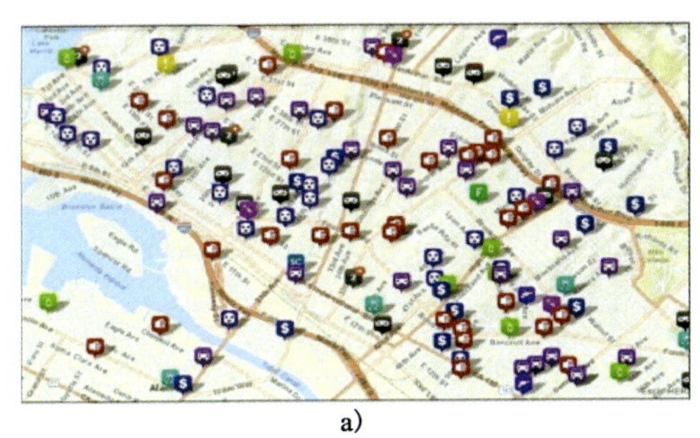
a)

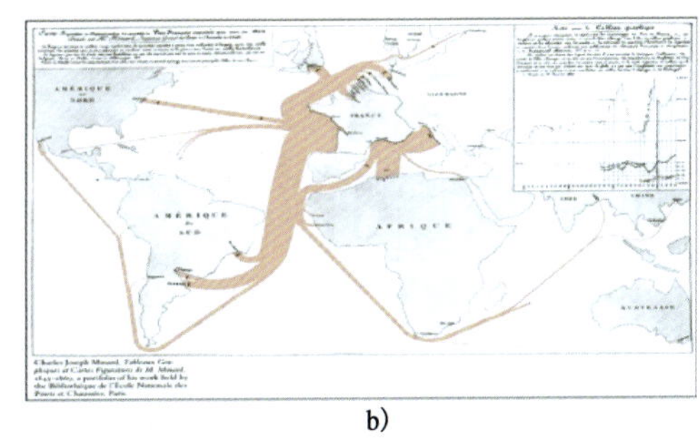
b)

图 1-2

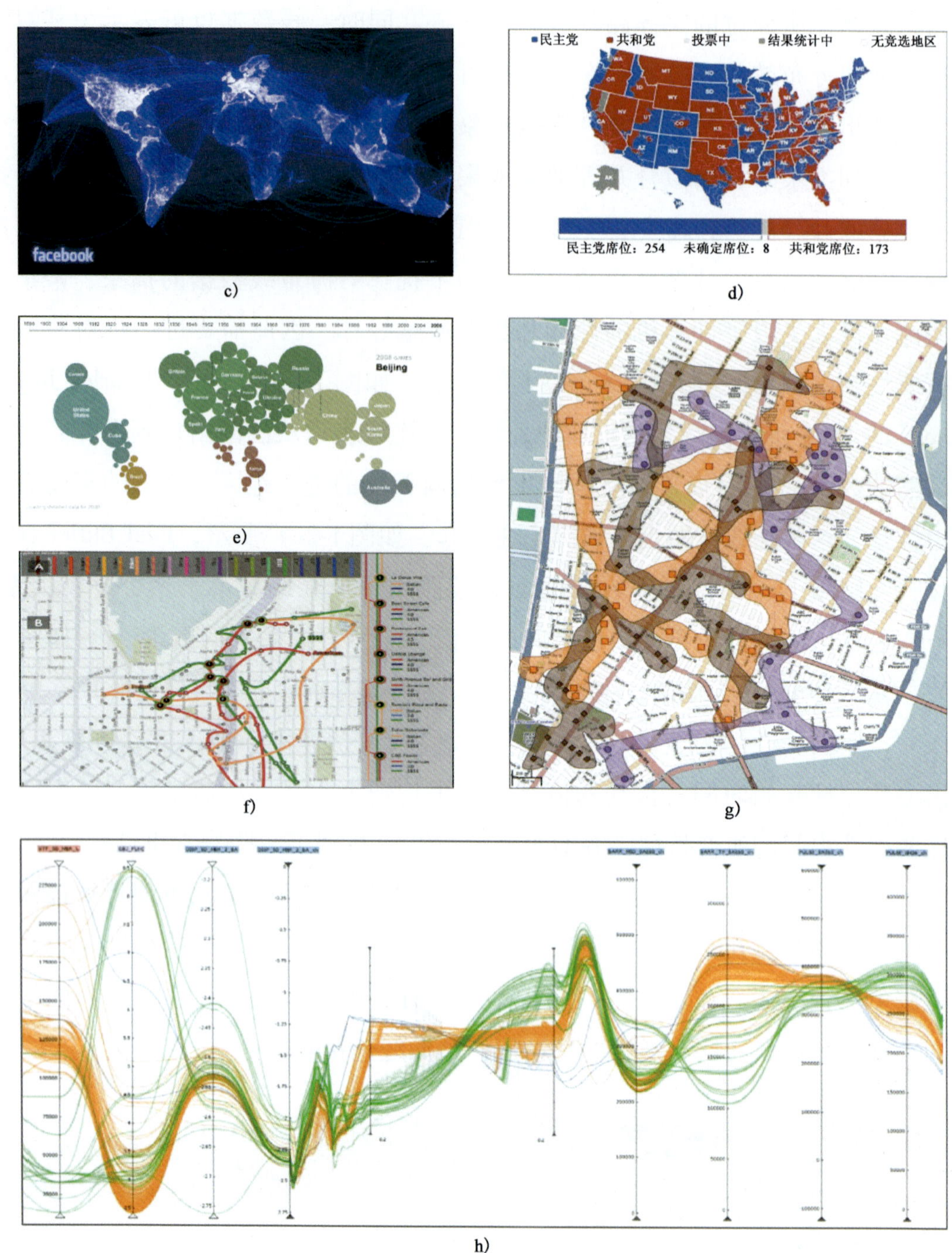

图 1-2 基于空间维度的交通数据可视化

a）美国奥克兰地区犯罪分布图[17]；b）Charles Joseph Minard 的 1864 年法国葡萄酒出口图[18]；c）社交网络 Facebook 的好友关系[19]；d）纽约时报关于 2008 年美国总统大选结果[22]；e）2008 年北京奥运会奖牌排名[23]；f）美国某州内餐馆可视化区配套设施曲线图[21]；g）曼哈顿地区配套设施气泡图[24]；h）多属性时序变化三维平行坐标系图[20]

区域数据包含了相比点数据和线数据更多的信息。区域是由一系列点所标识的一个二维封闭空间，它既有长度也有宽度。在交通数据可视化中，区域数据可视化可表现为某对象属性在某特定区域的数值分布或关联关系分布，如各行政区出行次数分布、各交通小区人均密度分布等。最常用的方法是采用颜色表示这些属性值。在区域数据可视化中，为减少或避免在有限的展示空间中出现区域交叉、堆叠、遮掩的现象，并彰显区域之间的多元关联，需要事先对区域数据进行特征抽象、聚集合并、关联连续等操作，以降低区域数据的维度，提高其计算能力。图 1-2d）为根据出行规律相似性，《纽约时报》关于 2008 年美国总统大选结果的可视化，用不同颜色表示民主党候选人奥巴马与共和党候选人麦凯恩在全美国各州的选举结果[22]。对于某些区域数据，也可以使用简单的几何形状来表示，例如矩形或者圆形，采用这种标准的几何图形使用户能更容易地判断区域的面积大小。图 1-2e）为纽约时报关于 2008 年北京奥运会奖牌排名可视化[23]。圆表示国家，其大小表示所获的奖牌数量，颜色表示国家所在的大洲。图 1-2g）为美国纽约曼哈顿地区配套设施的可视化结果，采用气泡集表示各类设施点，其中，橙色展示的是该区的酒店，棕色区域是地铁站，紫色区域包含了该区的所有诊所[24]。

三、基于时空维度的交通数据可视化

基于时空维度的可视化方式可以全面地描述交通数据的时间变化特性和空间变化特性，但这种可视化方法的实现也是最复杂的。时空立方体是展示三维轨迹的时空变化特性的有效模型。时空立方体由 x 轴、y 轴、z 轴三个轴组成。其中，x 轴和 y 轴组成空间面板，代表物体的空间地理信息；z 轴则代表物体运动的时间轴。通过时空立方体的表现形式，可展示任意形状物体（如行驶轨迹）的时空变化特性。图 1-3 所示为通过构建时空立方体可视化小汽车的行驶轨迹数据[25]。

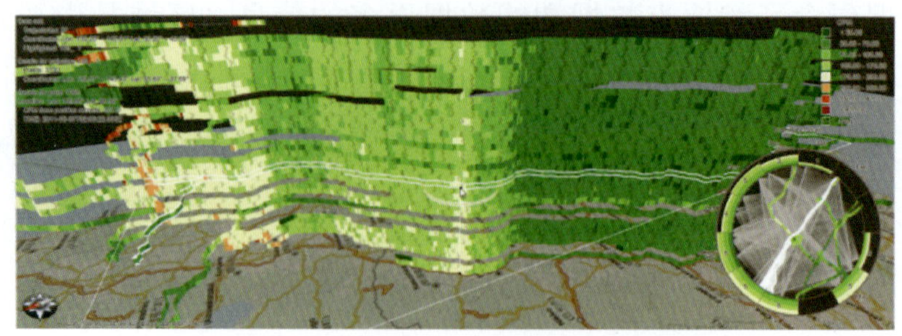

图 1-3 基于时空维度的交通数据可视化[25]

第五节 轨道交通数据可视化

近年来，城市轨道交通以其大运量、快捷、准时、安全、环保的特点，在我国乃至世界范围内极速发展。轨道交通逐渐成为城市居民日常出行的公共交通媒介，且与居民的社会经济活动息息相关。发展轨道交通是促进城市发展、提高轨道交通出行服务水平和保证城市可持续发展的重要环节[26]。

同时，移动采集技术的普及和迅猛发展也极大促进了轨道交通大数据的采集、存储、计算和分析工作。轨道交通数据因其涵盖了海量、实时的客流刷卡出行信息而在大数据时代受到社会的广泛关注。因此，轨道交通数据可视化逐渐成为一个炙手可热的研究方向。它是数据可视化与公共交通学科、地理信息系统学科与计算机图形学科的交叉方向。对这类数据的深入挖掘和可视化分析可揭示出行数据背后隐含的移动个体的自然属性和社会属性，对掌握轨道交通客流时空分布规律和保障轨道交通安全运营管理具有广泛而深远的社会意义。

目前，轨道交通大数据在城市空间移动、居民时空行为和乘客出行分析等研究领域的应用也愈发广泛。然而，如何可视化这些海量复杂数据的挖掘结果已成为一项挑战。可视化技术提供了一种直观有效的方法，它将复杂的交通数据及其分析结果通过可视化方式直观地展现出来，帮助研究者发现数据中的潜在规律，并支持对结果的交互式筛选和浏览。因此，数据可视化的意义在于通过可视化方法，有效挖掘、传播和沟通数据中蕴含的信息、知识，并将数据转换为可识别的图形符号、图像、视频或动画，使用户借助人眼快速的视觉感知和人脑的智能认知能力，清晰、快捷、有效地从数据中获取有价值的信息与知识，极大还原并增强数据中的全局结构和具体细节。数据可视化的结果是构建人与机器合作的桥梁。

通过综述现有交通数据可视化研究可知，目前现有研究一般是基于轨道交通智能刷卡数据，围绕着以下几个研究角度探索轨道客流的类别分布、移动模式和移动轨迹时空分布特征[27]。不足之处如下：

(1) 数据可视化的根本目标是让用户快速读懂数据。以 Excel、Word 等通用工具生成的传统图表，如柱状图、饼状图、折线图等，绘制简易、易于理解[22]。一般在适用这些图表的应用场景，都应当优先考虑使用。但是，在海量高维数据的冲击下，传统的图表方式已经不能在有限空间内展示高维数据属性。因而迫切需要专业的可视化工具，对高维数据进行简单、直观、形象的可视化，以更好地挖掘数据中的潜在规律[28]。

(2) 现有对轨道客流类别划分的研究往往忽略轨道站点的功能类别，致使客流划分结果五花八门，没有严格的评判标准。显然，轨道站点的功能性质直接决定所到达的轨道客流的出行目的和社会活动性质。但实际用地性质与规划用地性质的差异性导致现有研究无法准确度量轨道站点功能。因此，需要提出更好的站点分类方法及功能划分方法以弥补传统研究的不足。同时需要进一步加强不同站点类别下的轨道客流特征、移动模式特征和轨迹分布的可视化挖掘分析。

第六节 本书主要内容

本书将从以下 5 个研究角度，结合可视化案例，多角度可视化挖掘轨道交通的站点功能及客流属性时空分布规律。

(1) 城市轨道交通空间功能可视化。分析轨道交通站点的功能类别，并进一步介绍交通小区、行政区的空间分布特性，为挖掘轨道客流各类别的移动模式提供支撑。

(2) 城市轨道交通网络客流统计分析可视化。通过多个可视化案例分析的方式，介绍多种可视化方法在轨道客流可视化中的应用。

(3) 城市轨道交通客流移动轨迹可视化。采用直接可视化、聚集可视化和特征可视化的方法，对轨道中单一或群体客流的移动轨迹进行多角度、多维度的可视化分析。

（4）城市轨道交通客流出行特征可视化。提取轨道客流的多维出行特征，如出行次数、停留时间、出行距离或出行时间等，对各类特征进行可视化分析，并进一步可视化分析轨道出行与房价波动间的关联性。

（5）城市轨道交通客流类别可视分析。在提取的轨道客流的出行特征的基础上，对客流进行类别划分，同时分析各客流类别的时空分布属性。

第二章 城市轨道交通空间功能可视化

CHAPTER 2

轨道站点周边区域因客流吸引力大而日益演变为城市活动的集聚场所。它是城市发展的辐射中心，也是未来城市规划建设的重点。轨道站点周边区域的功能可表征为其所辖区主导兴趣点的功能分布。兴趣点辐射功能与轨道站点的吸引范围息息相关，也与轨道客流的出行目的、行为特征密切相关。一般来说，轨道站点功能的异质性将吸引不同出行目的的客流到达，并呈现不同的出行特征。本章首先介绍与轨道站点相关的名词术语，其次，分别基于北京市行政区划和交通小区的空间划分，参考轨道交通站点周边兴趣点分布，通过多个可视化案例，从多维度可视化分析轨道站点功能类别及空间分布规律。轨道交通空间功能分类研究可为北京市轨道客流类别划分和特征可视化奠定基础，也可为轨道沿线土地用地规划提供基础支撑。

第一节 名词解释

一、兴趣点

兴趣点（Point of Interest，POI）是地理信息系统中的一个术语，泛指一切可以抽象为点的地标性地理对象，尤其是一些与人们生活密切相关的地理实体，如学校、银行、餐馆、加油站、医院、超市等。兴趣点数据包含了建筑物的地理位置、类别和详细信息。兴趣点的主要用途是对事物或事件的地址进行描述，能在很大程度上增强对事物或事件位置的描述能力和查询能力，提高地理定位的精度和速度[29]。兴趣点查询，也称为兴趣点搜索，是位置信息服务的基础技术。本节采用的兴趣点集来源于2013年北京市兴趣点分布图，从中提取了与居民社会经济活动密切相关的兴趣点共计278 076个，所属兴趣类型20种，如表2-1所示。

北京市兴趣点类型分布 表2-1

兴趣点类型	数量（个）	兴趣点类型	数量（个）
1 餐饮	28 821	11 科研教育	11 417
2 彩票站	1 741	12 旅游	2 167
3 大厦	3 028	13 汽车服务	7 052
4 公安交警	141	14 汽车站	31
5 购物	48 419	15 其他设施	92 010
6 火车站	143	16 停车场	6 830
7 机场	4	17 医疗服务	11 380
8 加油站	1 236	18 休闲娱乐	18 821
9 交通出行	23 222	19 政府机关	5 678
10 金融服务	9 778	20 住宿	6 157

从表2-1中可知，兴趣点类型为“15 其他设施”的兴趣点数量最大。此类兴趣点对应的设施是各大公司，也是城市居民的办公场所。此外，餐饮、购物、交通出行类兴趣点均较多，主要由于餐饮包含了大小饭馆，分布较广，而购物不仅包括大型超市、商场，也包括了所有的便利店。交通出行这一类兴趣点指的是公交站、地铁口、出租车停靠点等交通出行点。大厦这一类兴趣点概念较为笼统，主要是一些办公大楼，与其他设施类似，也可是城市居民的办公场所。

一般常态下，成年人的平均步速范围为1.1～1.5m/s。假设一个成年人从任一地铁站点出发，步行15min，平均可达距离为990～1 350m。而在极限步行距离超过1 500m的情况下，大部分人会选择代步工具（如自行车、公交、地铁等），因此本书选取站点周围1 500m范围内的兴趣点，作为该站点周边兴趣分布。

二、行政区划

行政区划（Administrative Division，AD），亦称为行政区域，是指为了对国家政权职能实行分级管理而划分出来的地域单元。行政区是指国家为了便于行政管理，根据政治、经济、民族、历史等各种因素的不同，把领土划分成大小不同、层次不等的区域，并在此基础上建立相应的政权机关，进行社会管理。

2016 年北京市管辖东城、西城、朝阳、丰台、石景山、海淀、通州、顺义、昌平、大兴、门头沟、房山、平谷、怀柔、密云、延庆 16 个市辖区，合计为 16 个地市级行政区划单位[30]。现行区县行政区划呈圈层式布局，可细分为 4 个层次：第一层为东城、西城；第二层为朝阳、丰台、石景山、海淀 4 个近郊区；第三层为通州、顺义、昌平、大兴 4 个准近郊区；第四层为门头沟、房山、平谷、怀柔、密云、延庆 6 个远郊区[31]。

三、交通小区

交通小区（Traffic Analysis Zone，TAZ）是具有一定交通关联度和交通相似度的节点或连线的集合，随时间关联度和相似度的变化而变化，反映城市路网交通特征的时空变化特性。对交通小区的划分即是将复杂交通网络解耦为若干个交通区域。单位交通小区是解析复杂城市交通网络的基础单元，也是从宏观角度协调优化交通区域的有力工具。对交通小区的划分依赖于空间聚类分析方法，即依据某种相似性度量准则，将地理空间区域划分为若干个由类似地理空间实体组成的类或簇。且类中实体彼此间具有较高相似性，类间实体具有较大差异性[31]。本书根据交通出行状况的相似性，将北京市划分为 1 017 个交通小区。

四、功能区

功能区是城市功能的载体，是实现城市功能的空间集聚形式，是现代城市运行的方式。城市是由多个功能区有机组成的，城市的功能，就是所有功能区功能的集合体。产业集聚和功能优化是城市功能区的本质特征，每个功能区，都有自己所承担的主要功能，确保自己所占有的资源禀赋优势得到充分发挥，也使整个城市在多元功能整合的基础上进入更高的运行层次[32]。本书在分析研究的基础上将功能区划分为 8 类，分别为：机场相关服务区（S0）、中央/市属政府管理服务区（S1）、生活休闲服务区（S2）、汽车站相关服务区（S3）、旅游休闲服务区（S4）、商业办公服务区（S5）、医疗教育服务区（S6）及轨道站点相关服务区（S7）。

第二节　轨道站点功能区可视化

本节利用站点周边兴趣点对站点进行分类。考虑到每个站点周边都分布着不同种类的兴趣点，类似于一篇文章中的不同单词，因此考虑采用潜在狄利克雷分配（Latent Dirichlet Allocation，LDA）文本主题提取方法[33]提取地铁站点主题，对北京市所有轨道站点功能进行分类和建模分析。

基于 LDA 的站点主题划分步骤为：①提取站点周边 1 500m 范围内的兴趣点集，组成文档；②对兴趣点集进行规范化处理，并将其组成的站点文档作为 LDA 算法的输入；③基于多项式分布和潜在狄利克雷分布生成站点文档；④确定迭代误差最小时的最佳站点主题类别数，本书所得最佳站点主题数为 8 类；⑤对所有站点进行聚类分析。经过以上步骤，最终得到各个兴趣点在 8 种主题下的比例和对应的内部排序，如表 2-2 所示。表中每一单元格内，左侧为各个兴趣点比例，标记为 FD（Frequency Density）；右侧为同一主题中不同兴趣点的排序，标记为 IR（Internal Ranking）。同一兴趣点在不同主题中的排序由颜色的深度表示，颜色越深表示比例越大。

图 2-1 展示了北京市轨道交通站点的空间分布情况。绘制底图采用的是 2013 年年底的北京市轨道线路图。图中，轨道站点个数共 264 个。站点功能类别共 8 类，以不同圆圈颜色（S0 ~ S7）标识。图 2-1 在空间地图的基础上，直观、清晰、有序地可视化了 264 个站点的所属类别、所属功能区及空间地理分布信息的上万维度信息，极大地帮助任何专业背景的读者理解并把握图片传递的内容。

北京市轨道交通站点功能区与兴趣点的主题推测分布表

表 2-2

	S0		S1		S2		S3		S4		S5		S6		S7	
兴趣点	FD	IR	FD	IR	FD	IR	FD	IR	FD	IR	FD	IR	FD	IR	FD	IR
餐饮	0.000 010	6	0.050 969	6	0.034 287	11	0.052 501	5	0.062 110	3	0.096 774	4	0.085 135	6	0.039 683	10
彩票	0.000 010	6	0.076 208	4	0.058 823	7	0.032 715	8	0.031 016	5	0.000 384	13	0.099 671	3	0.066 313	4
大厦	0.000 010	6	0.000 005	14	0.000 006	14	0.037 387	6	0.000 009	15	0.376 772	1	0.000 003	13	0.000 009	16
购物	0.000 010	6	0.056 656	5	0.057 310	9	0.057 997	3	0.031 365	4	0.036 125	6	0.093 957	4	0.047 654	8
交通出行	0.000 010	6	0.023 781	10	0.089 463	4	0.022 822	12	0.023 679	9	0.012 225	11	0.036 341	12	0.052 636	7
加油站	0.001 604	3	0.000 005	14	0.123 577	3	0.004 960	16	0.000 009	15	0.000 003	15	0.000 003	13	0.010 788	14
金融服务	0.001 803	2	0.033 747	9	0.013 113	12	0.035 600	7	0.004 900	13	0.144 221	3	0.080 790	8	0.053 632	6
科研教育	0.000 209	4	0.020 369	12	0.051 989	10	0.015 265	14	0.018 438	10	0.019 248	9	0.126 556	1	0.033 976	13
汽车服务	0.000 110	5	0.000 005	14	0.241 603	1	0.017 376	13	0.000 009		0.000 003	15	0.000 003	13	0.000 190	15
其他设施	0.000 010	6	0.040 950	8	0.061 847	6	0.023 097	11	0.028 133	6	0.017 778	10	0.065 254	10	0.035 154	12
停车场	0.000 010	6	0.021 019	11	0.080 725	5	0.053 737	4	0.008 830	11	0.185 107	2	0.052 088	11	0.038 234	11
医疗服务	0.000 010	6	0.048 857	7	0.058 374	8	0.027 769	10	0.008 656	12	0.006 754	12	0.092 456	5	0.063 868	5
休闲娱乐	0.000 010	6	0.019 070	13	0.128 787	2	0.032 028	9	0.024 814	8	0.033 757	7	0.082 765	7	0.046 205	9
政府机关	0.000 010	6	0.100 417	3	0.000 006	14	0.014 029	15	0.025 251	7	0.030 491	8	0.079 000	9	0.070 027	3
住宿	0.000 010	6	0.115 744	2	0.000 062	13	0.034 240	2	0.085 868	2	0.040 317	5	0.105 964	2	0.073 922	2
旅游	0.000 010	6	0.000 005	14	0.000 006	14	0.000 014	17	0.646 790	1	0.000 003	15	0.000 003	13	0.000 009	16
公安交警	0.000 010	6	0.392 174	1	0.000 006	14	0.000 014	17	0.000 009	15	0.000 030	14	0.000 003	13	0.000 009	16
火车站	0.000 010	6	0.000 005	14	0.000 006	14	0.000 014	17	0.000 096	14	0.000 003	15	0.000 003	13	0.367 672	1
汽车站	0.000 010	6	0.000 005	14	0.000 006	14	0.487 923	1	0.000 009	15	0.000 003	15	0.000 003	13	0.000 009	16
机场	0.996 125	1	0.000 005	14	0.000 006	14	0.000 014	17	0.000 009	15	0.000 003	15	0.000 003	13	0.000 009	16

图 2-1 北京市地铁站点功能空间分布图

通过对图 2-1 的功能区分析可知：

（1）S0：机场相关服务区。该功能区下密度最大的兴趣点类型为机场；同时，由于机场离市中心较远，且地处高速路附近，因此该类别中排在第二的兴趣点类型为金融服务，主要指机场内外取款机；排第三的兴趣点是加油站。其他类型兴趣点比例极低。S0 功能区的典型轨道交通站点为 T2 航站楼、T3 航站楼。

（2）S1：中央/市属政府管理服务区。此类站点的周边分布了大量的公安交警点和政府机关，除此之外，住宿在这一类中分布也较多，与住宿相关的生活类兴趣点也较多。S1 功能区的典型轨道交通站点为崇文门、西单、和平门、新街口、农业展览馆等。

（3）S2：生活休闲服务区。此类站点周边的兴趣点种类较多，交通出行、加油站、汽车服务、休闲娱乐等均大量分布在这类站点周边，这些都是提供生活服务的兴趣点，包括汽车服务、娱乐设施服务等，由此可见周边居民区较多。S2 功能区的典型轨道交通站点为回龙观、草桥、高碑店、青年路等。

（4）S3：汽车站相关服务区。此类地铁站分布在北京几大汽车站周边，由于汽车站不同于飞机场，一般分布在市区，所以周边大厦、购物点也居多，而加油站相对较少。S3 功能区的典型轨道交通站点为六里桥、北京南站、大红门、四惠等。

（5）S4：旅游休闲服务区。此类站点以旅游为主题，主要分布在旅游景点附近，集中于北京市内几大旅游景点周边，与此同时，和旅游相关的餐饮、住宿类兴趣点也比较多。S4 功能区的典型轨道交通站点为天安门东、颐和园北宫门、奥林匹克公园、南锣鼓巷、天坛东门等。

（6）S5：商业办公服务区。此类站点周边主要以大厦、餐饮、金融服务和停车场为主，这些兴趣点大多为办公场所。S5 功能区的典型轨道交通站点为国贸、中关村、东单、海淀黄庄、上地、阜成门、南礼士路等。

（7）S6：医疗教育服务区。此类站点周边学校、科研教育机构、医疗机构较多，这些兴趣点既提供办公又提供社会服务。根据其医疗、教育的特点将该主题称为医疗教育服务，除此之外，相关的便利店、商场、住宿也较多。S6 功能区的典型轨道交通站点为清华东路西口、人民大学、白石桥南、东四、广安门内、木樨地、安定门、金台路等。

（8）S7：轨道站点相关服务区。轨道枢纽站点周边的兴趣点一般分布在市区内，周围地铁站、公交车站较多，交通出行较为方便，交通方面的兴趣点较多。S7 功能区的典型轨道交通站点为北京西站、西直门、东直门、北京站、宋家庄、知春路等。

第三节　站点关联性分析

一、轨道站点与功能区的空间网络关联图

复杂网络结构图适用于节点庞杂且关系复杂的高维数据集。不同于树形数据中明显的层次结构（如自底向上或自顶向下），复杂网络结构图使用的数据类型不需要具备明显的层次结构，而是基于力引导原理来自动生成布局。该图的绘制、理解要求绘图者具有一定的专业背景知识。

考虑到轨道客流往返于各类站点相关的功能区，因此，图 2-2 所示的复杂关系网络图将站点视为粒子，基于各站点的空间地理位置，展示 8 类功能区与站点的关联性。为使布局清晰，图 2-2 只选取北京市排名前 50 的轨道站点所属的 6 大功能区进行可视化分析。图中，站点颜色类别表示功能区类别。站点的密集程度表示空间关联性强度。站点之间的连线越粗，表示站点关联性越强，客流吞吐量也越多。可见，图 2-2 所示的复杂关系网络图更加注重站点的布局及空间关联性强弱，因此更易直观呈现出布局美观、关系复杂、视觉复杂度高、可扩展性好的站点空间关联效果。

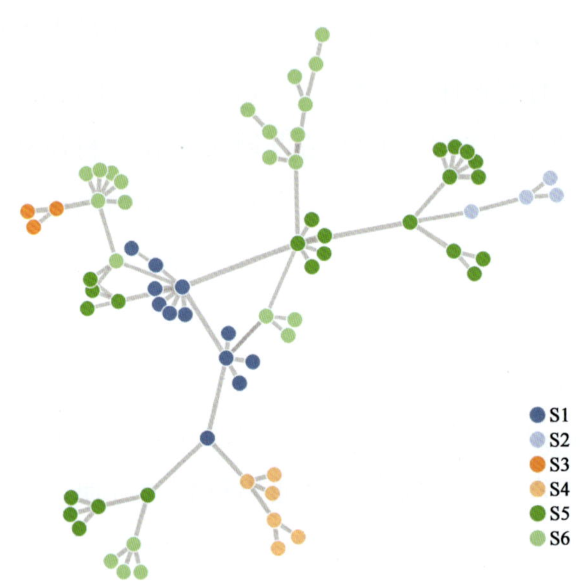

图 2-2　北京市轨道站点与功能区的空间网络关联图

通过对图 2-2 的分析，轨道站点在重力原则、最短路径原则、社会经济影响的作用下，自发形成了多个轨道站点聚集功能区，例如：

（1）S1 功能区内，天安门、新街口、西单、崇文门、分钟寺 5 个站点间的关联性较强，且其他多个站点也分别与这 5 个站点形成了较强的子关系网络。可见，S1 功能区内已逐渐形成了以“天安门圈”“新街口圈”“分钟寺圈”“崇文门圈”等为代表的中央/市属政府管理服务子区。

（2）S2 功能区内，平西府、蒲黄榆、天通苑、小红门 4 个站点间的关联性较强，且其他多个站点也分别与这 4 个站点形成了较强的子关系网络。可见 S2 功能区内已逐渐形成了以“平西府圈”“蒲黄榆圈”“天通苑圈”“小红门圈”

等为代表的生活休闲服务区。

（3）S4 功能区内，北宫门、奥体中心、什刹海、动物园 4 个站点间的关联性较强，且其他多个站点也分别与这 4 个站点形成了较强的子关系网络。可见 S4 功能区内已逐渐形成了以“北宫门圈”“奥体中心圈”“什刹海圈”“动物园圈”等为代表的旅游休闲服务区。

（4）S5 功能区内，国贸、中关村、王府井、望京 4 个站点间的关联性较强，且其他多个站点也分别与这 4 个站点形成了较强的子关系网络。可见 S5 功能区内已逐渐形成了以“国贸圈”“中关村圈”“王府井圈”“望京圈”等为代表的商业办公服务区（S5）。

（5）S6 功能区内，五道口、大钟寺、刘家窑、五棵松 4 个站点间的关联性较强，且其他多个站点也分别与这 4 个站点形成了较强的子关系网络。可见 S6 功能区内已逐渐形成了以“五道口圈”“大钟寺圈”“刘家窑圈”“五棵松圈”等为代表的教育医疗服务区（S6）。

（6）S0、S3 和 S7 功能区内，机场、宋家庄、东直门、西直门、北京西站、北京站、北京南站 7 个站点间的关联性较强，且其他多个站点也分别与这 7 个站点形成了较强的子关系网络。可见 S0、S3 和 S7 功能区内已逐渐形成了以“机场圈”“宋家庄圈”“东直门圈”“西直门圈”“北京西站圈”“北京站圈”“北京南站圈”等为代表的交通设施枢纽圈。

二、轨道站点关联分析稀疏散点图

稀疏散点图能较好地展示研究对象之间的关联性。如果研究对象为各个轨道站点，则可通过站点间客流量的交互值反映站点间的关联程度。站点间客流交互流量越高，表示站点间的关联程度越高。

基于以上思想，本节采用 2015 年 8 月 15 日的北京市客流 OD 路径绘制了处于相同功能区内的轨道交通站点间的关联性强弱分布情况，如图 2-3 所示。图中，竖排文字表示进站站点（或出站站点），横排文字表示出站站点（或进站站点）。例如，第 1 行第 2 列［简写为（1，2）］的红色方格则表示“T2 航站楼→T3 航站楼”或者“T3 航站楼→T2 航站楼”的所有客流流向轨迹。单位方格颜色表示站点所属功能区的类别。方格颜色越深，则表示该方格所关联的两个站点间的客流交互流量越大，站点间的关联程度越高。为设置关联性比对标准，将图 2-3 中位于对角线上的站点自身的关联性设为最强，即令所有处于对角线上的方格颜色最深。例如，（1，1）方格的颜色最深，表示 T2 航站楼自身的关联性最强。

对图 2-3 的可视化分析结果与图 2-2 的分析结果相同，因此不再赘述。

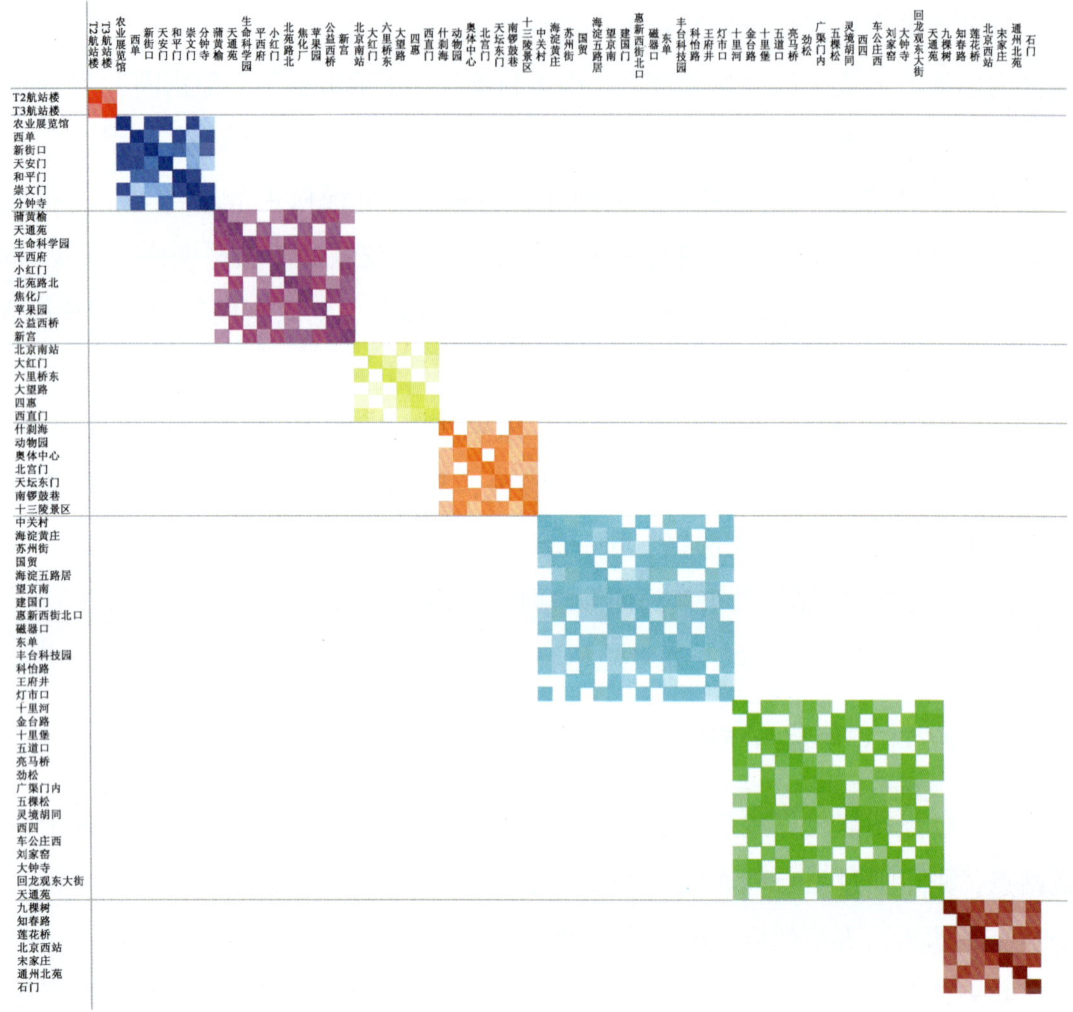

图 2-3　北京市轨道站点关联分析稀疏散点图

三、站点客流比重分布嵌套饼图

多嵌套饼图与传统饼图有异同之处。二者均是基于完整圆，通过每个楔形的角度或面积进行视觉暗示，以描述数据统计量的占比分布。二者均不适合于数值大小排序的应用场景中，源于肉眼对面积差异性变化并不敏感，无法轻易发现图表中的最值或极值点。二者的不同之处在于，传统饼图适用且仅适用于低维数据集绘图，绘制方式简易，但嵌套饼图可通过多层“完整圆”嵌套的形式，描述高维数据的分层统计值的占比分布。嵌套饼图的绘制要求绘图者具有一定的编程能力。

采用北京市2015年8月15日的进站客流数据绘制特定行政区与功能区下站点客流比重分布嵌套饼图，如图2-4所示。该图采用三层嵌套圆分级表现“行政区→功能区→站点”下的客流比重分布。最内层圆环由客流排名前8的8大行政区组成，中间层圆环由8大功能区组成，最外层圆环由近100个面积相等的单位方格组成。每个方格代表一个轨道交通站点，方格颜色为站点所属功能区的颜色，单位方格面积代表5万客流人次。某行政区内的方格数越多，表示对应行政区的客流吞吐越多，活跃程度越高。图2-4所示的“行政区→功能区→站点”嵌套饼图呈现出布局美观、关系复杂、视觉复杂度高、可扩展性好的站点区位关联效果。该图能够直观地从宏观分级可视化角度，展示各站点与所属功能区、所属行政区的关联性强弱，同时辅助展示每类行政区下的客流比重分布、各行政区下每类功能区的客流比重分布等多源信息，极大地方便读者在有限的展示空间内获取多维分级的相关信息。

通过对图2-4的深入分析可知：

（1）内层饼图表示北京市各行政区下轨道客流的比重分布。由图中可清晰观察到，最“活跃”的行政区群为：海淀区、朝阳区、丰台区、西城区、东城区，最不“活跃”的行政区为通州区。

（2）第二层饼图表示轨道客流的比重分布。由图可清晰观察到各行政区下功能区的活跃程度。其中最活跃的功能区群为：以“五道口圈”“大钟寺圈”“刘家窑圈”“五棵松圈”等为代表的教育医疗服务区（S6），以“国贸圈”“中关村圈”“王府井圈”“望京圈”等为代表的商业办公服务区（S5）及以“回龙观圈”“蒲黄榆圈”“天通苑圈”“小红门圈”等为代表的生活休闲服务区（S2）。

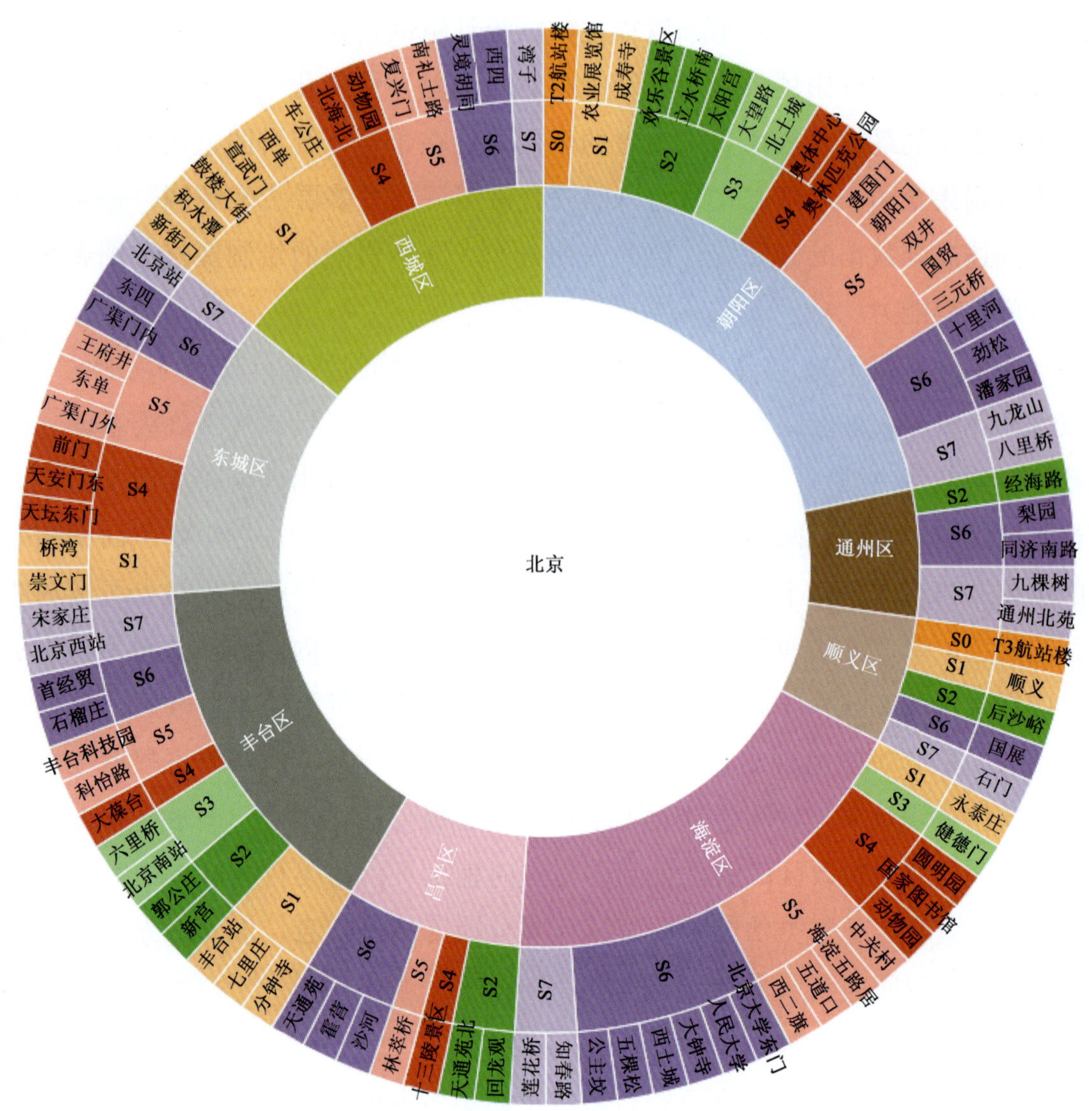

图 2-4 北京市特定行政区与功能区下轨道交通站点客流比重分布嵌套饼图

四、轨道站点区位分布泡沫图

“泡沫图”是一种全新的图形可视化方法。与嵌套饼图相同，它也可以采用多层嵌套圆的形式，分级表现“行政区→站点”下的客流比重分布。泡沫图可通过多个“嵌套泡沫”的形式，描述高维数据的分层统计值的占比分布。泡沫图的制作要求绘图者具有一定的编程能力。

同样采用北京市 2015 年 8 月 15 日的进站客流数值数绘制轨道交通典型站点

的客流分布情况，如图 2-5 所示。该图采用三层嵌套泡沫分级表现“行政区→功能区→站点”下的客流比重分布。最小的泡沫单元代表一个轨道交通站点，泡沫颜色为站点所属功能区的颜色，单位泡沫面积代表 5 万客流人次。某行政区内的泡沫数越多，表示对应行政区的客流吞吐越多，活跃程度越高。即泡沫越大，相应行政区的活跃强度越高。

图 2-5 的可视化分析结果与图 2-4 的分析结果相同，因此不再赘述。

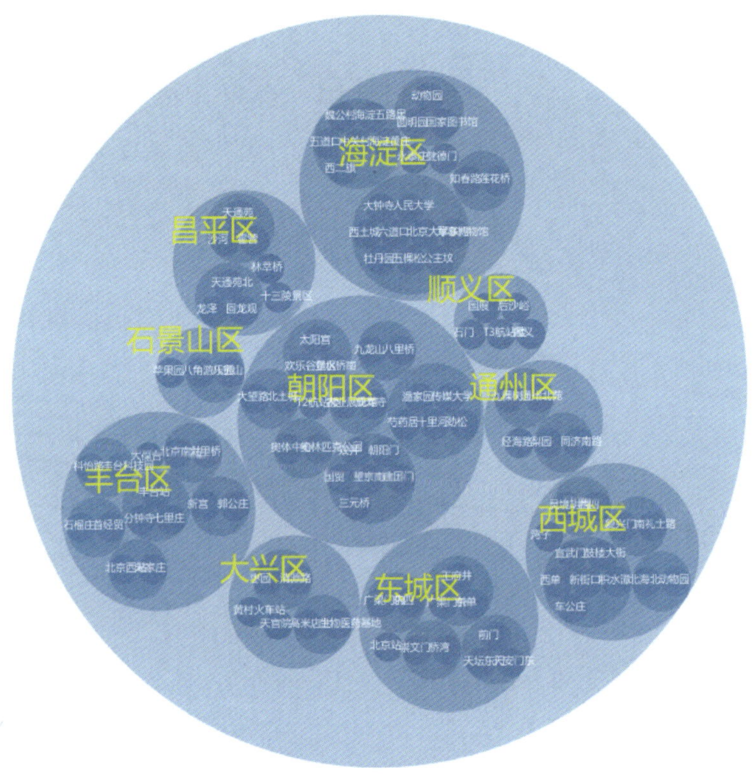

图 2-5　北京市轨道站点区位分布泡沫图

五、轨道站点词云可视化

词云可视化，是一种新兴的主题词表达方式，能够从数以万计的文档报告或数千亿条文本数据中，快捷直观、形象生动地获取其中的主题词、主题相关词等。词云一直广泛用于社会舆情分析、商务推荐系统等实际应用中，便于获取某阶段社会、经济、政治、交通等领域出现的安全隐患问题。

采用 2015 年 8 月 13 日至 8 月 19 日北京市轨道交通站点的客流数据，提取客流量较大的轨道线路、站点客流量分布、站点所属功能区类别、站点空间地理位置等语义信息进行词云可视化，如图 2-6 所示。图中，词符颜色可表征站点所处的功能区颜色；词符大小可表征该站点的客流量大小；词符角度可表征某站的空间地理方位。

图 2-6 的分析结果与图 2-2 的分析结果相同，在此不再赘述。

图 2-6　北京市轨道站点词云分布图

第三章 城市轨道交通网络客流统计分析可视化

CHAPTER 3

轨道交通客流是指单位时间内，轨道交通线路上乘客流动人数和流动方向的总和[25]。客流的概念既表明了乘客在空间上的位移和数量，又强调了这种位移具有方向性和起讫性。轨道交通客流可以是预测客流，也可以是实际客流。客流统计分析可视化是通过获取城市轨道交通网络 OD 出行数据，根据客流清分结果，对反映网络客流特征的各类客流指标进行计算，并计算可视化分析。客流作为城市轨道交通最根本的评价指标，可直观体现轨道交通的运行状态。轨道进站客流、出站客流和换乘客流在不同时间、空间、指标维度下都存在显著性差异。

基于此，本章根据轨道交通网络物理和客流特征，分别从不同客流指标统计维度角度，结合新颖可视化方式，对轨道交通网络客流量进行统计分析可视化，以对轨道交通的日常行车组织、运营管理以及运输规划等工作提供理论支撑[34]。本章使用的轨道客流是从两个轨道刷卡数据源中统计而得。数据源 1 为 2013 年 6 月 1 日 ~6 月 30 日一个月内的北京市轨道刷卡数据；数据源 2 为 2015 年 8 月 13 日 ~8 月 19 日一周内的北京市轨道刷卡数据。

第一节 客流指标统计维度

根据城市轨道交通网络物理和客流特征，可将客流统计分为三个维度，即空间维度、时间维度和指标维度。这三个维度从三个不同的视觉描述客流数据结构。一般情况下，每个客流指标都是同时描述这三个维度的数据信息。

（1）空间维度。城市轨道交通网络是一个空间结构。该结构的最小组成单元是车站，即空间结构的车站层级；相同线路的每个车站之间由区间连接，并由多个车站组成线路，这是空间结构的线路层级；多条线路由换乘站相连组成整个城市轨道交通网络，即网络层。

（2）时间维度。时间维度是指客流统计的跨度，根据运营需要，一般可分为：1min、5min、15min、30min、小时、阶段、日、周、月、季度、半年、年等维度。实际工作中，不同的指标具有不同的时间维度。

（3）指标维度。客流指标包括以下三类，本章只讨论基础类客流指标。

①基础类指标：包括进站量、出站量、换乘量、断面客流量、线路换乘次数、线路平均乘距、线路平均乘车时间等。

②衍生类指标：包括客运量、计算量等。

③评估类指标：包括方向不均衡系数、断面不均衡系数等。

第二节　客流指标概念

本节将从车站客流、线路客流和网络客流角度，介绍各类客流指标概念及相应的计算方法。

一、车站客流

车站客流量可细分为车站进站客流量、车站出站客流量、车站换乘客流量和车站集散客流量。其中，车站集散客流量为前三类车站客流量之和。

1. 车站进站客流量

车站进站客流量 A_i，是指在统计期 t 内，在城市轨道交通车站 i 内的刷卡进站的乘客数量 Q_i 之和，单位为人次。计算公式如下：

$$A_i = \sum_i Q_i \tag{3-1}$$

2. 车站出站客流量

车站出站客流量 B_i，是指在统计期 t 内，在城市轨道交通车站 i 内的刷卡出

站的乘客数量 D_i 之和，单位为人次。计算公式如下：

$$B_i = \sum_i D_i \tag{3-2}$$

3. 车站换乘客流量

车站换乘客流量 T_i，是指在统计期 t 内，途径城市轨道交通换乘站 i 的线路各方向 y 间的换乘配流量 P_i^y 之和，单位为人次。计算公式如下：

$$T_i = \sum_y \sum P_i^y \tag{3-3}$$

4. 车站集散客流量

车站集散客流量 C_i，是指在统计期 t 内，在城市轨道交通车站 i 内的进站客流量 A_i、出站客流量 B_i 和换乘客流量 T_i 之和，单位为人次。计算公式如下：

$$C_i = A_i + B_i + T_i \tag{3-4}$$

二、线路客流

线路客流量指标可细分为线路进站客流量、线路出站客流量、线路换乘客流量、线路断面客流量、线路客运量和线路客运周转量。线路客流其他相关指标包括线路换乘次数、线路平均乘距、线路平均乘车时间。

1. 线路进站客流量

线路进站客流量 A_l，是指在统计期 t 内，在轨道交通运营线路 l 所属的各车站 i 的进站量 A_i 之和，单位为人次，包括该线路的本线进站且出站、本线进站但他线出站两部分客流。计算公式如下：

$$A_l = \sum_i A_i \tag{3-5}$$

2. 线路出站客流量

线路出站客流量 B_l，是指在统计期 t 内，在轨道交通运营线路 l 所属的各车站 i 的出站量 B_i 之和，单位为人次，包括该线路的本线进站且出站、他线进站但本线出站两部分客流。计算公式如下：

$$B_l = \sum_i B_i \tag{3-6}$$

3. 线路换乘客流量

线路换乘客流量 T_l，是指在统计期 t 内，换入轨道交通运营线路 l 所属的各

换乘车站 i 的换乘客流量 T_i^l 之和，单位为人次，包括他线换入本线、本线换出的两部分客流。计算公式如下：

$$T_l = \sum_i T_i^l \tag{3-7}$$

4. 线路断面客流量

线路断面乘客流 U_z^y，是指在统计期 t 内，单向通过轨道交通运营线路某一断面 z 各方向 y 下的配流量 P_z^y 之和，单位为人次。计算公式如下：

$$U_z^y = \sum_y P_z^y \tag{3-8}$$

5. 线路客运量

线路进站客流量 N_l，是指在统计期 t 内，在轨道交通运营线路 l 运送的乘客数量，为线路进站客流量 A_l 和线路换乘客流量 T_l 之和。一般情况下，使用全日线路客运量，单位为人次。计算公式如下：

$$N_l = A_l + T_l \tag{3-9}$$

6. 线路客运周转量

线路客运周转量 E_l，是指在统计期 t 内，每位乘客 p 在轨道交通运营线路 l 上乘坐距离 S_l^p 的总和，单位为人 km。一般情况下，使用小时线路客运周转量、日线路客运周转量。计算公式如下：

$$E_l = \sum_p S_l^p \tag{3-10}$$

7. 线路换乘次数

线路换乘次数 Q_l，是指在统计期 t 内，在轨道交通运营线路 l 进站的乘客完成一次出行需要换乘的次数，单位为次。

8. 线路平均乘距

线路平均乘距 F_l，是指在统计期 t 内，某轨道交通运营线路 l 上乘客一次乘车的平均乘车距离。它为该线路 l 上客运周转量 E_l 与线路客运量 N_l 之比，单位为 km。一般情况下，使用小时线路平均乘距、全日线路平均乘距。计算公式为：

$$F_l = \frac{E_l}{N_l} \tag{3-11}$$

9. 线路平均乘车时间

线路平均乘车时间 G_l，是指在统计期 t 内，某轨道交通运营线路 l 上乘客 p 一次乘车的平均乘车时间。它为该线路 l 上乘车时间 G_l^p 之和与客运量 N_l之比。单位为 min。计算公式如下：

$$G_l = \frac{\sum_p G_l^p}{N_l} \tag{3-12}$$

三、网络客流

网络客流量指标可细分为网络进站客流量、网络出站客流量、网络换乘客流量、网络客运量和网络客运周转量。网络客流其他相关指标包括网络换乘次数、网络平均乘距、网络平均乘车时间。

1. 网络进站客流量

网络进站客流量 A_n，是指在统计期 t 内，城市轨道交通网络 n 所属的各条线路 l 的进站量 A_l之和，单位为人次。计算公式如下：

$$A_n = \sum_l A_l \tag{3-13}$$

2. 网络出站客流量

网络出站客流量 B_n，是指在统计期 t 内，城市轨道交通网络 n 所属的各条线路 l 的出站量 B_l之和，单位为人次。计算公式如下：

$$B_n = \sum_l B_l \tag{3-14}$$

3. 网络换乘客流量

网络换乘客流量 T_n，是指在统计期 t 内，城市轨道交通网络 n 所属的各条线路 l 的换乘量 T_l之和，单位为人次。计算公式如下：

$$T_n = \sum_l T_l \tag{3-15}$$

4. 网络客运量

网络客流量 N_n，是指在统计期 t 内，城市轨道交通网络 n 中各条运营线路运送乘客的总量，为网络进站客流量 A_n 和网络换乘客流量 T_n 之和，单位为人次。计算公式如下：

$$N_n = A_n + T_n \tag{3-16}$$

5. 网络客运周转量

网络客运周转量 E_n，是指在统计期 t 内，每位乘客 p 在城市轨道交通网络 n 中乘坐距离 S_n^p 的总和，单位为人 km。一般情况下，使用小时网络客运周转量、日网络客运周转量。计算公式如下：

$$E_n = \sum_p S_n^p \tag{3-17}$$

6. 网络换乘次数

网络换乘次数 Q_n，是指在统计期 t 内，城市轨道交通网络 n 所辖运营线路换乘次数 Q_l 之和。单位为次，计算公式如下：

$$Q_n = \sum_l Q_l \tag{3-18}$$

7. 网络平均乘距

网络平均乘距 F_n，是指在统计期 t 内，城市轨道交通网络 n 中乘客平均一次出行全程的总乘车距离。它为该网络 n 的网络客运周转量 E_n 与网络进站量 A_n 之比，单位为 km。一般情况下，使用小时网络平均乘距、全日网络平均乘距。计算公式如下：

$$F_n = \frac{E_n}{A_n} \tag{3-19}$$

8. 网络平均乘车时间

网络平均乘车时间 G_n，是指在统计期 t 内，城市轨道交通网络 n 中乘客平均一次出行全程的总乘车时间。它为该网络 n 的乘车时间 G_n^p 之和与进站量 A_n 之比。单位为 min。计算公式如下：

$$G_n = \frac{\sum_p G_n{}^p}{A_n} \tag{3-20}$$

第三节　基于类别分布的轨道交通客流可视化

一、各行政区轨道进站客流总量排行榜

数据可视化的根本目标是让用户快速读懂数据。以 Excel、Word 等通用工具生成的传统图表，如柱状图、条形图、饼图、折线图等，绘制简易、易于理解[22]。一般在适用这些图表的应用场景，都应当优先考虑使用。

条形图（Bar Chart）和饼图（Pie Chart）都是最常见、最容易绘制，且最容易解读的图表。它们适用且仅适用于低维数据集。条形图常用于描述统计量的频数分布，能极好地展示图表中的最值或极值点。肉眼对长度差异的敏感性使得这类图形在排序应用上辨识度极佳。饼图常用于描述某一类统计量占总体分布的比重，但不适用于大小排序的应用中，源于肉眼对面积差异性变化并不敏感。

基于 2015 年 8 月 13 日至 8 月 19 日工作日的北京市轨道交通进站刷卡数据，结合条形图和饼图的优势，描述了北京市各行政区在各出行时段的轨道客流量的大小排序和比重分布，如图 3-1 所示。所选的出行时段包括早高峰时段（7:00 ~ 9:00）、晚高峰时段（17:00 ~ 19:00）及其他时段。左侧条形图中，纵轴是各大行政区类别，横轴是轨道进站客流总量。条形图颜色类别表示不同时段的客流量类别，该条形图通过长短差异形象反映不同时段客流的大小。右侧饼图直观展示了各行政区中轨道进站客流总量的比重分布差异。可见，条形图与饼图的优势互补形象地展示了各行政区内不同出行时段下轨道进站客流量的大小排序和比重分布。

通过对图 3-1 的深入分析可知：

（1）北京市日均轨道进站客流总量约 458 万人次，以行政区作为区域划分，海淀区与朝阳区间的轨道进站客流最大，达 47.6 万人次。各行政区中，早晚高

峰轨道进站客流量几乎占全天轨道进站出行量的 50%。

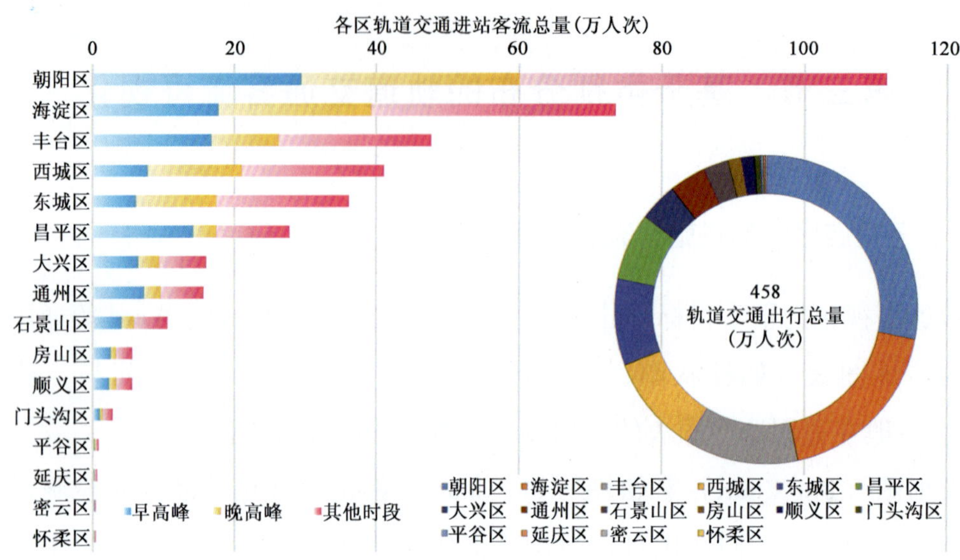

图 3-1 北京各区轨道交通进站客流总量排行榜

(2) 在轨道交通交互量排名前五位的行政区对中，除昌平区外均属于城六区。昌平区是采用轨道交通方式与北京市主城区联系最为紧密的近郊行政区。

(3) 朝阳区、海淀区、丰台区的轨道进站客流总量占全市轨道进站客流总量的比重分居前三，分别为 28. 1%、18. 5% 及 12. 1%。这些区在全天各个时段的轨道进站量均排名靠前。

(4) 昌平区、大兴区、通州区的全天轨道进站客流量虽排名靠后，但其早高峰轨道进站客流量排名靠前，说明这些近郊区的居住人口密度较大，刚性出行需求较高。

(5) 朝阳区、海淀区、丰台区、西城区、东城区、昌平区在其他时段的轨道出行总量也相对较高，说明该区域的弹性出行需求较高。

二、北京市各轨道线路日均进站量及日均客运量排名

基于 2015 年 8 月 13 日至 8 月 19 日工作日的北京市轨道交通线路的进站刷卡数据，采用柱状图和饼图的混合可视化形式，描述北京市各轨道线路的日均进站总量与日均客运量的排序分布情况，如图 3-2 所示。

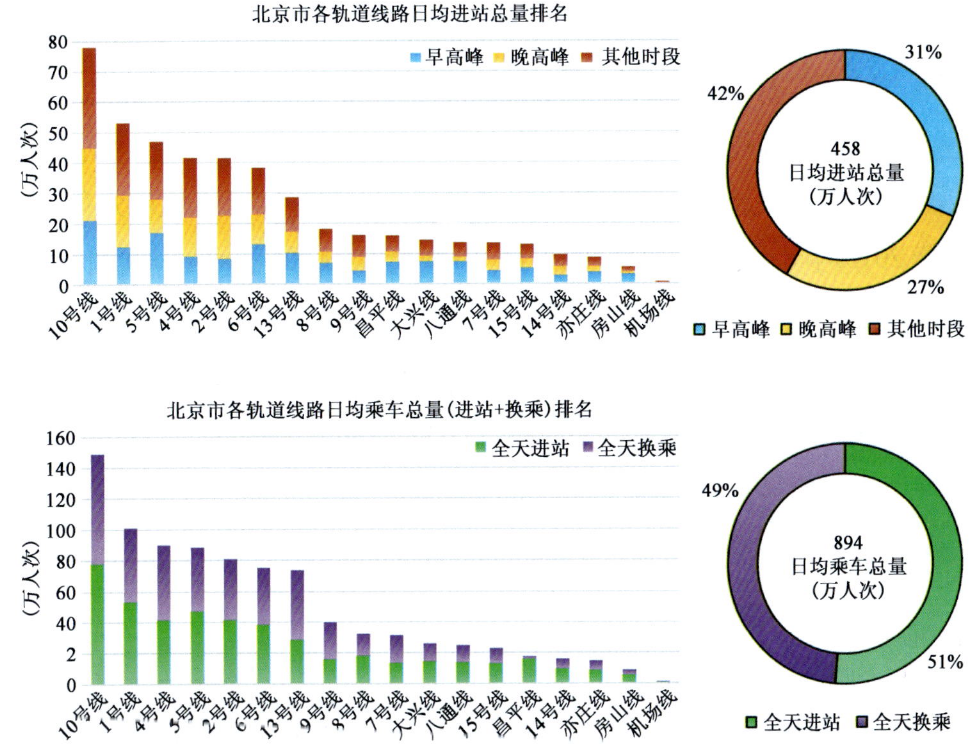

图 3-2　北京市各轨道交通线路日均进站量及日均客运量排名

通过对图 3-2 的深入分析可知：

（1）北京地铁目前共有 18 条运营线路，334 座运营车站（56 座换乘站），总长 554km 运营线路覆盖北京市 11 个市辖区，日均进站总量约 460 万人次，这个庞大的地下系统使北京地下“镜像”成为另一座流动的城市。

（2）相比于其他交通方式，轨道出行在高峰时段具备可靠性高的优势，早晚高峰轨道进站总量占北京市轨道日均客运量的近 60%。同时，由于早高峰时段内线路平均乘车时间的可靠度更高，因而早高峰时段进站流量为晚高峰时段进站流量的 1. 15 倍。

（3）10 号线客运量领跑北京地铁所有线路，日均进站量约 80 万人次，占各线路总进站量的近 1/5，约是排名第 6 位的 6 号线的两倍。10 号线同时承载了最大的线路断面客流，日均双向客流高达 40 万人次。

（4）北京地铁的总换乘量与总进站量基本持平，轨道交通客流在乘坐轨道交通工具时，线路换乘次数为人均一次。

三、轨道站点高峰小时内进站客流变化趋势折线图

跟条形图和饼图一样，折线图也是最常见、最容易绘制，且最容易解读的图表之一。它适用且仅适用于低维数据集。折线图不仅可反映数值的高低变化，还可反映数值的变化趋势。但它不能用于描述某一类统计量的比重分布。

基于2015年8月13日~8月19日7:00至8:00的平均早高峰小时内的进站客流量数据，描绘北京市典型轨道交通站点的高峰小时内平均进站客流的变化趋势，如图3-3所示。图中，横轴类目为客流量排名前10的轨道交通站点，纵轴为早高峰小时内的平均进站客流量的分段情况。折线颜色代表给定轨道交通站点内的客流类别，包括进站客流量、出站客流量和换乘客流量。

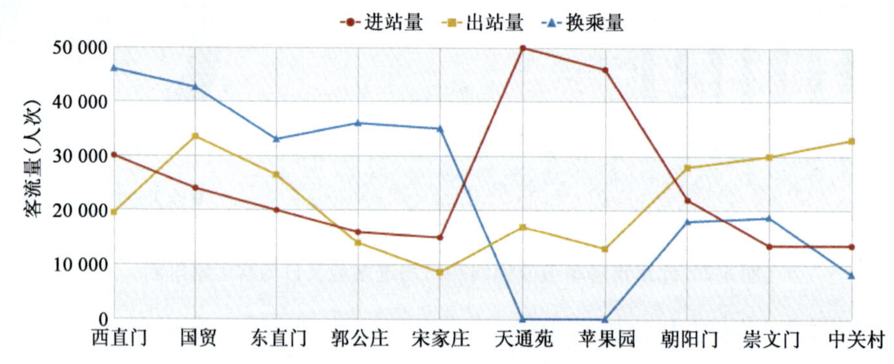

图3-3 轨道典型站点高峰小时内进站客流量变化趋势折线图

通过对图3-3的深入分析可知，7:00至8:00高峰小时内：

（1）北京市客运量排在前三的轨道交通站点为西直门站、东直门站和国贸站。这些站点的共性为：至少接驳3条轨道线路的重要交通枢纽站点，同时毗邻能提供大量工作岗位的成熟的商业功能服务区。

（2）具有换乘功能的站点处，换乘流量显著高于该站的进站流量，这两类客流在流向分布上显著不均衡。典型代表站点有西直门站、东直门站和国贸站。另外，对于几条接驳远郊线路的轨道交通站点，在早高峰小时内的换乘量更高，典型代表站点有宋家庄站、郭公庄站等。其他换乘站如朝阳门或崇文门站并无此显著现象。

（3）非换乘站点处，流量呈现显著不均衡的站点有：天通苑北站和苹果园站。该站在早高峰小时内的进站流量显著高于出站流量。

（4）轨道站点的出站流量与该站点所处的功能区类别有较强关联性。一般地，处于商业功能服务区 S5 的出站客流量高于处于生活服务区 S2 的出站客流量。典型代表站点有中关村站、国贸站。

四、轨道典型站点客流进/出站流量金字塔图/漏斗图

漏斗图或金字塔图是以递减或递增的形式显示某特定属性的排序的一种可视化图。在漏斗图中，每个区块的大小表示某属性值多少，并由大到小排序，使区块比重大的属性在上，而区块比重小的属性在下，形成一个尖形漏斗状。漏斗图是一种有效表示数值排序的直观可视化图。而金字塔图的作图思想基本与漏斗图类似，唯一不同的是金字塔图需要数值按照由小到大的方式排序显示。

基于 2015 年 8 月 13 日 ~8 月 19 日的乘客刷卡数据，结合金字塔图或漏斗图的排序优势，描绘北京市 10 个典型的轨道交通站点在日均出站客流量大小变化趋势，如图 3-4 所示。图中，金字塔图或漏斗图的每一行代表一个站点，每一行的面积大小表示该轨道站点的日均出站流量大小。

通过对图 3-4 的深入分析可知，所选定的 10 个轨道交通站点：

（1）由图 3-4a）可知，日均进站流量的分布显著不均衡。西二旗、西直门、西单的日均进站流量位居前三，而崇文门、双井和朝阳门的日均进站流量位于最后三位。

（2）由图 3-4b）可知，日均出站流量的分布显著不均衡。西二旗、西直门、西单的日均出站流量依旧位居前三，而崇文门、双井和朝阳门的日均出站流量依旧位于最后三位。

五、轨道站点日均客运量比重分布南丁格尔玫瑰图

南丁格尔玫瑰图是由英国一位著名的社会统计学家弗洛伦斯·南丁格尔（Florence Nightingale）发明。它通过楔形的角度和颜色等视觉暗示元素以展示某统计量占总体分布的比重分布。

基于 2015 年 8 月 13 日 ~8 月 19 日的进站刷卡数据，结合南丁格尔玫瑰图，描绘北京市 8 个典型的轨道交通站点的日均客运量占总体客运量的比重分布，

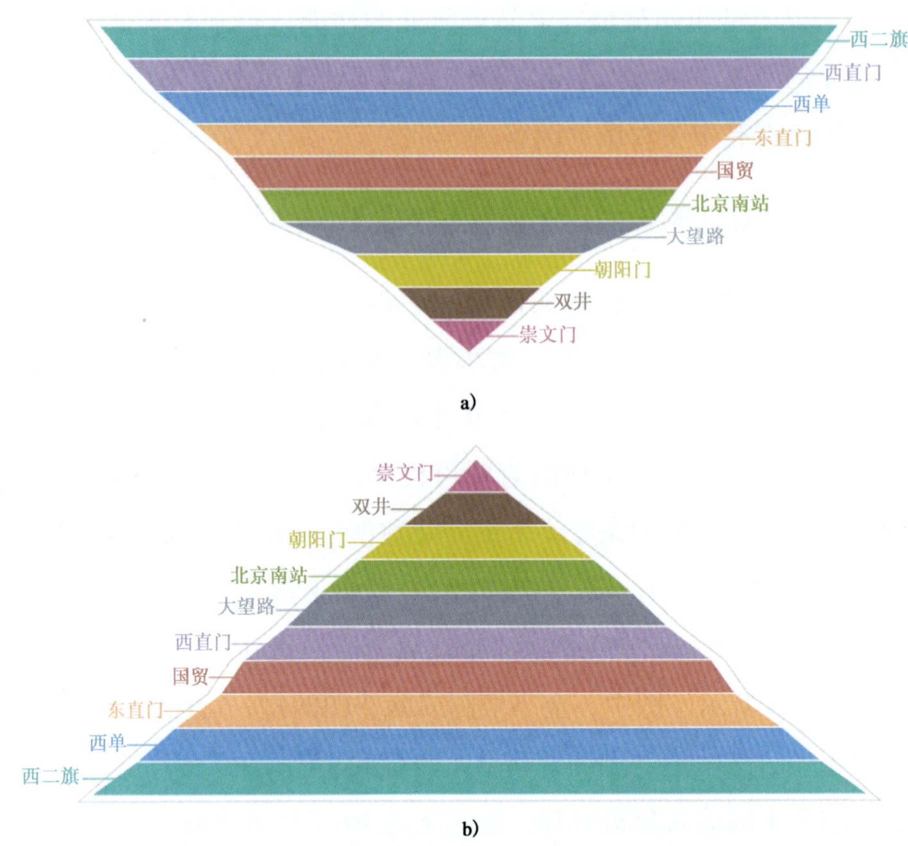

图 3-4 轨道典型站点客流进/出站流量金字塔图/漏斗图

a）各地铁站点日进站流量分布图；b）各地铁站点日出站流量分布图

如图 3-5 所示。图中，花瓣颜色表示站点类别。花瓣长度表示客运量比重大小，花瓣越长，客运量所占总体比重越大。

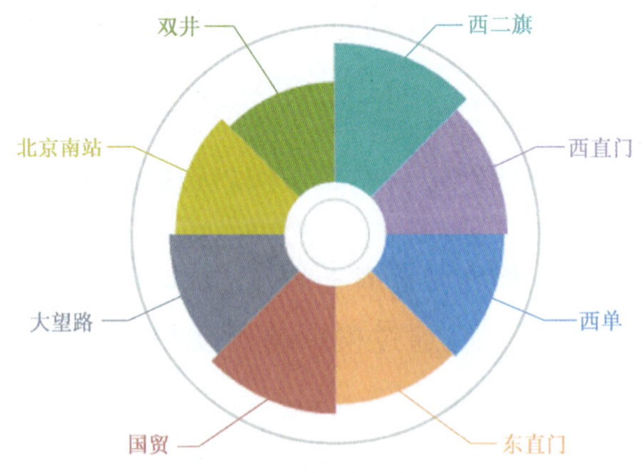

图 3-5 典型轨道站点日均客流量比重分布南丁格尔玫瑰图

由图 3-5 可知，在所选定的 8 个典型轨道站点中：

（1）西二旗站、西直门站和国贸站的日均客运量位居前三。

（2）双井的日均客运量位于最后一名。

六、轨道站点流量流向分布和弦图

传统的线路间 OD 客流量主要体现为交换量矩阵，用一个二维矩阵表格来表示，表现形式枯燥单一，难以揭示其中数据规律。而和弦图可弥补这一缺陷，通过将数据和统计结果的高度图形化，复杂的概念和信息可以在更短时间内呈现更多含义。和弦图适用于节点庞杂且关系复杂的高维数据集。不同于树形数据中明显的层次结构，和弦图所使用的网络关系数据不需要具备明显的层次结构，源于它是基于力引导布局的原理生成。和弦图更加注重站点的排版布局、视图的灵活交互，因此更易直观呈现出布局美观、交互自由、关系复杂、视觉复杂度高、可扩展性好的复杂关联效果。和弦图的不足之处在于：它对初始位置的设置依赖性较大，算法复杂度高，极易因初始布局不当陷入局部最优解中，同时要求绘图者和观图者具有一定的专业背景知识。

考虑到轨道客流往返于各个固定站点之间，因此采用图 3-6 所示和弦图从站点角度展示轨道日均客流量的空间变化情况。为使布局美观，图 3-6 只选取日均客流量介于 7 000 ~ 10 000 人次的站点进行流量交换可视化效果展示。图中，和弦图的各站点间连线称为弦，弦的粗细表示 OD 站点间客流量的多少。该图能直观清晰地展示近 100 个轨道站点的多维信息，如客流 OD 间流量与流向信息等。若未点选任何一个轨道站点，则站点间连接弦为蓝色，如图 3-6a）所示。若鼠标点选国贸站作为起点，则与国贸站相关的终点也会被自动选取，效果如图 3-6b) 所示。图中，从该站点流出的客流用红色弦表示，流向该站点的客流用绿色弦表示。由图可见，当前时刻从该站点出发的轨道客流量显著高于到达该站点的客流量。客流前往 1 号线和 10 号线较多，这是由于国贸地处 10 号线和 1 号线交点，是两条线路的换乘站。

七、轨道站点日均客流量分布矩阵树图

通常使用缩进方式展现层次结构的层级，比如文件目录列表。在这种方式

下，被可视化的文件或目录的数量由于受到限制，很难直观统筹全局结构。树图是有效展示此类图表数据结构的可视化方法之一，如矩形式树图（Treemap）。它是层级布局的扩展，根据数据将区域划分为矩形的集合。在矩形树图中，每个矩形都有对应的名称、大小和颜色，从全局角度反映数据的层次结构。

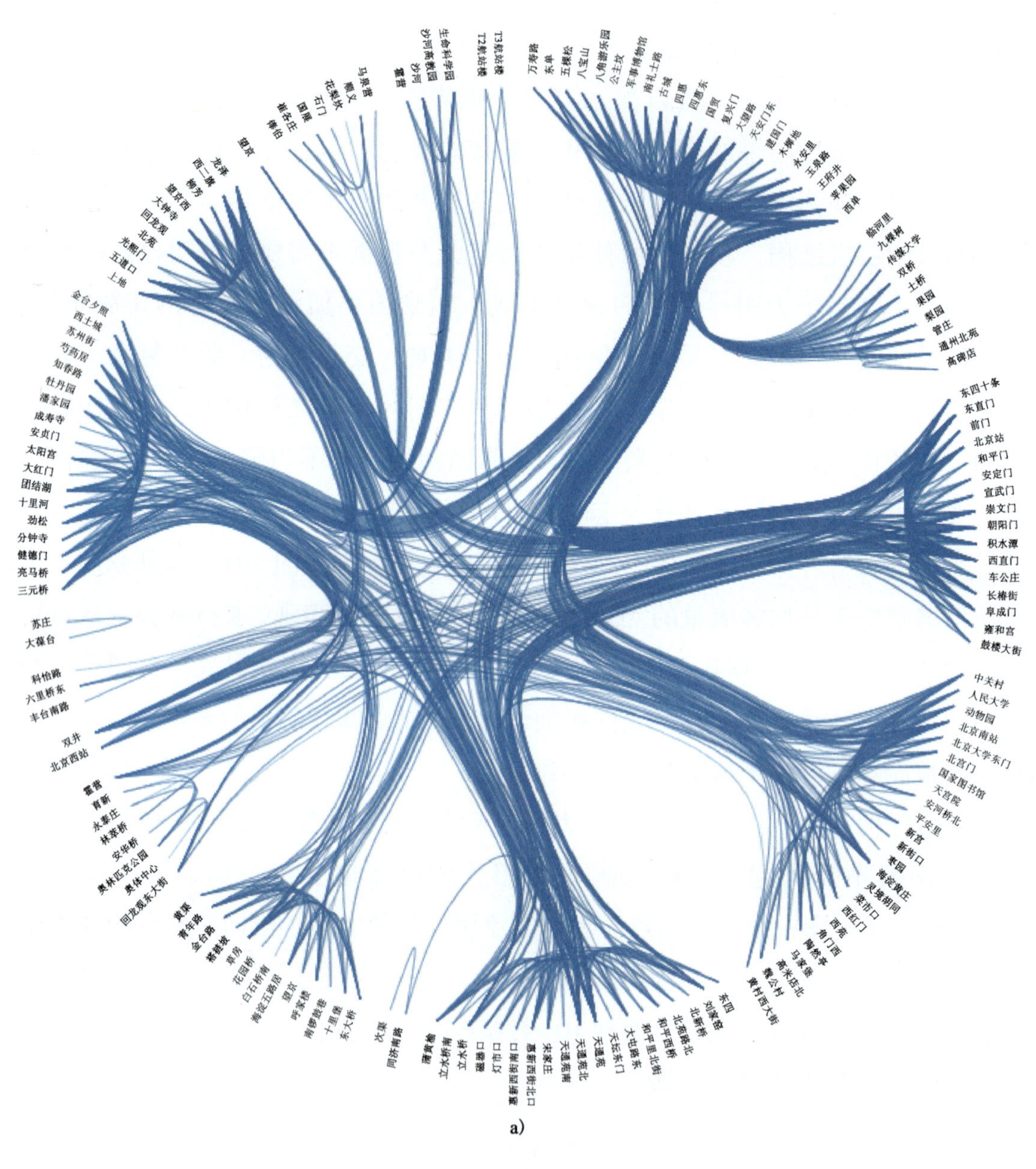

a)

图 3-6

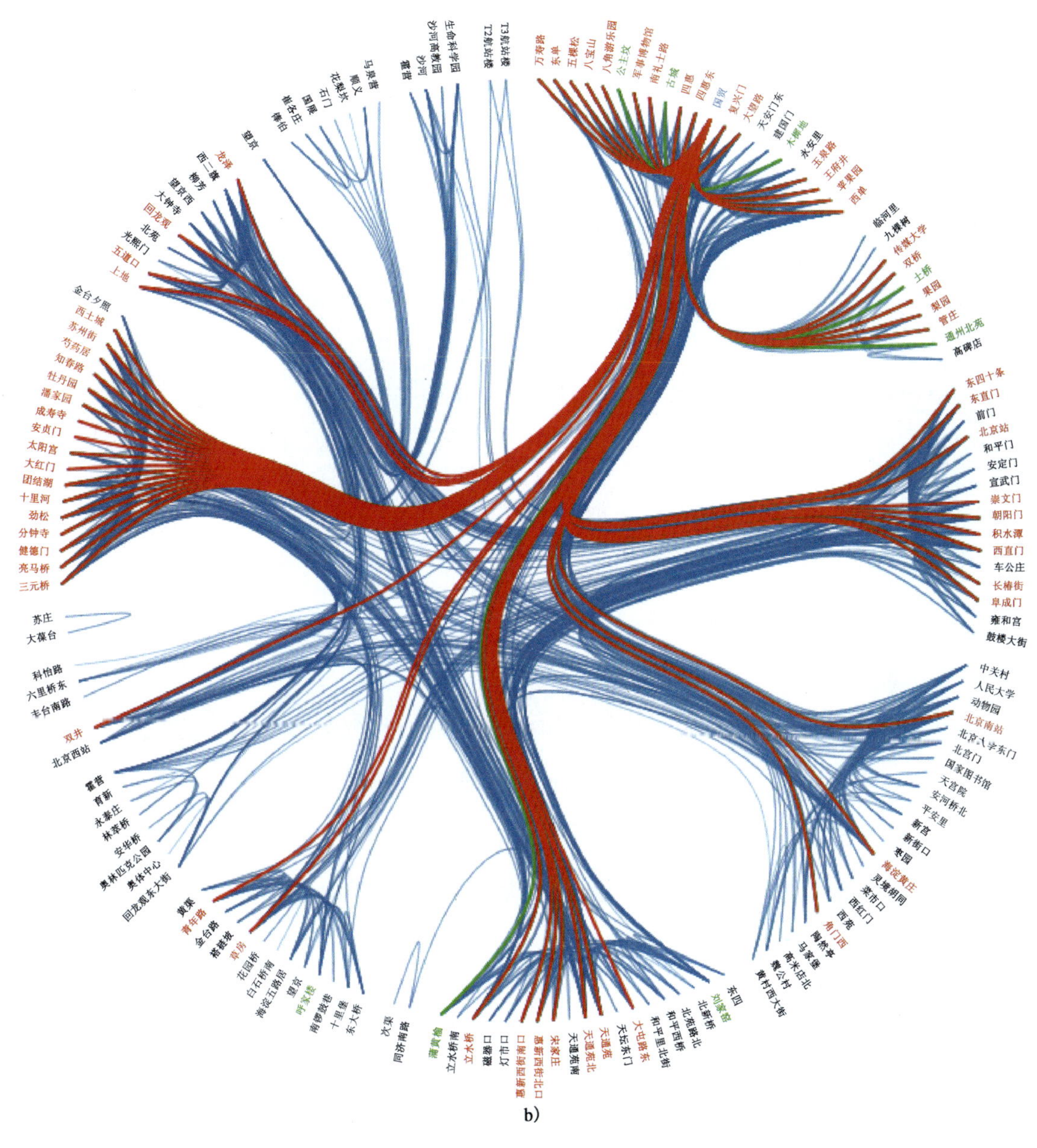

图 3-6　国贸轨道站点的流量流向和弦图

a）所有轨道站点；b）国贸站点

轨道交通站点的关联性分析对行车调度指挥、车站运营组织具有重要指导意义。由于城市轨道交通网络中的线路多、车站多，脱离网络中的其他车站单一研究某个车站的客流量并不具有实际意义，因此，考虑将网络上的所有站点放置于同一层面进行对比分析，获得指定时间段内的网络车站客流分布图。

采用矩阵树图的方式可视化每个功能区中典型车站的流量，如图 3-7 所示。图中，矩形颜色类别表示功能区类别，矩形大小表示车站日均客流量大小，矩形面积越大，则该车站客流量越大。其中矩形中的数字表示该车站日均客流量大小，单位为万人次。

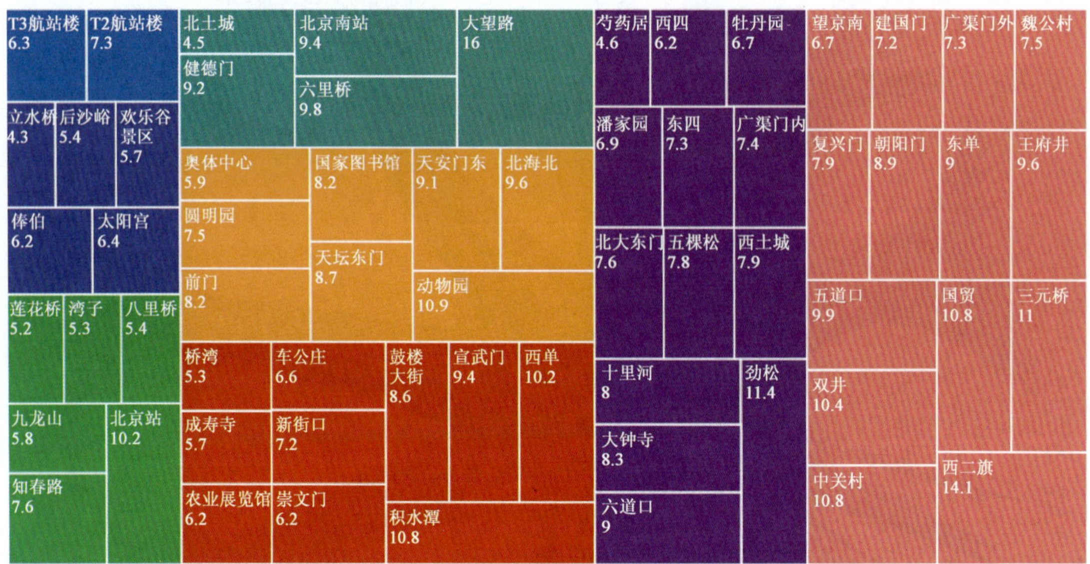

图 3-7 轨道站点日均客运量分布矩阵树图

通过对图 3-7 的分析可知，在所选定的轨道交通站点中：

（1）各功能区车站流量比重由小到大分布。由图中可清晰观察到，最“活跃”的功能区群为：西二旗、中关村所代表的商业办公服务区（S5），北大东门所在的教育服务区（S6）；而最不活跃的功能区为航站楼所在的机场相关服务区（S0）。

（2）在商业办公服务区（S5）中，西二旗的日均客流量最大，望京南的日均客流量最小。在积水潭所在的政府管理功能区（S1），积水潭的日客流量最大，桥湾的日客流量最小。

（3）通过单位矩形块的颜色深浅，可以直观观察，车站日均客流量最大的站是西二旗站，车站日均客流量最小的站是立水桥站。

矩阵树图可全局关联轨道线路和轨道站点信息，并全局反映车站功能的层次结构。此外，也可间接观察轨道网络或站点的客运量大小。

八、各功能区轨道线路流量极差分布气泡图

气泡图是散点图的一种变体。与传统散点图相同，气泡图可表示数值分布情况，还可通过散点颜色反映不同类别下某统计量的数值分布情况。不同之处在于，气泡图可额外使用气泡面积表示多一维度的信息量。

采用气泡图展示不同功能区下轨道线路的流量分布情况，如图3-8所示。其中，横坐标表示北京市15条轨道交通线路类目。纵坐标表示轨道客流量的分段情况，气泡大小表示轨道线路进出流量及差值（即最大进站流量与最大出站流量的差的绝对值），气泡颜色表示8类站点功能区类别。该图更易让读者快速抓取图中极差值最大的轨道线路或功能区。

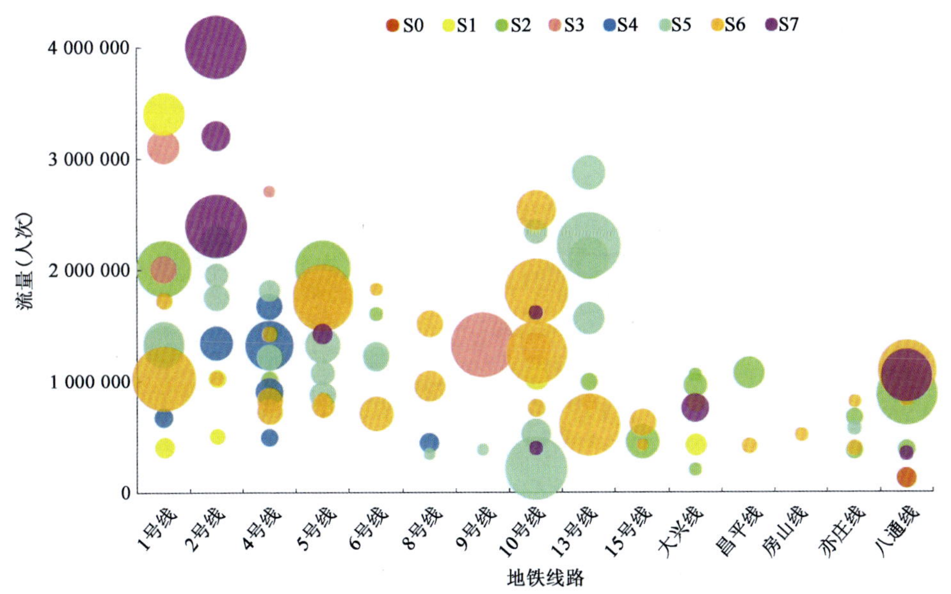

图3-8　各功能区轨道线路流量极差分布气泡图

通过对图3-8的分析可知，各条线路中：

（1）轨道线路1号、2号、5号、10号和13号的客流量极差值位居前五。

（2）功能区S7（轨道站点相关服务区）的客流量最大。功能区S6（教育医疗服务区）、S5（商业办公服务区）和S2（生活休闲服务区）的客流量次之。上述4区的关联性极强。极有可能的一条热门活动轨迹为：北京市居民通常借助公共交通设施（位于S7功能区），往返于家庭（位于S2功能区）与单位（S5或S6）之间。

九、轨道线路客流 OD 分布桑基图

桑基图（Sankey diagram），也称为桑基能量平衡图，得名于 1898 年 Matthew Henry Phineas Riall Sankey 所绘制的“蒸汽机的能源效率图”。桑基图是一种特定类型的流程图，最明显的特征为始末端的分支宽度总和相等：即所有主支宽度的总和应与所有分出去的分支宽度的总和相等，以实现能量的平衡。

本节基于北京市 2015 年 8 月 13 日至 8 月 17 日（工作日）的公共交通刷卡数据，结合桑基图的表现形式，可视化轨道交通的日均线路客流 OD 转移分布情况，如图 3-9 所示。其中，两列纵坐标表示北京市典型的 15 条轨道交通的 OD 线路类目。每条线路的伸展连接带代表客流转移流向与转移量。连接带的粗细表示线路间互通流量的大小。

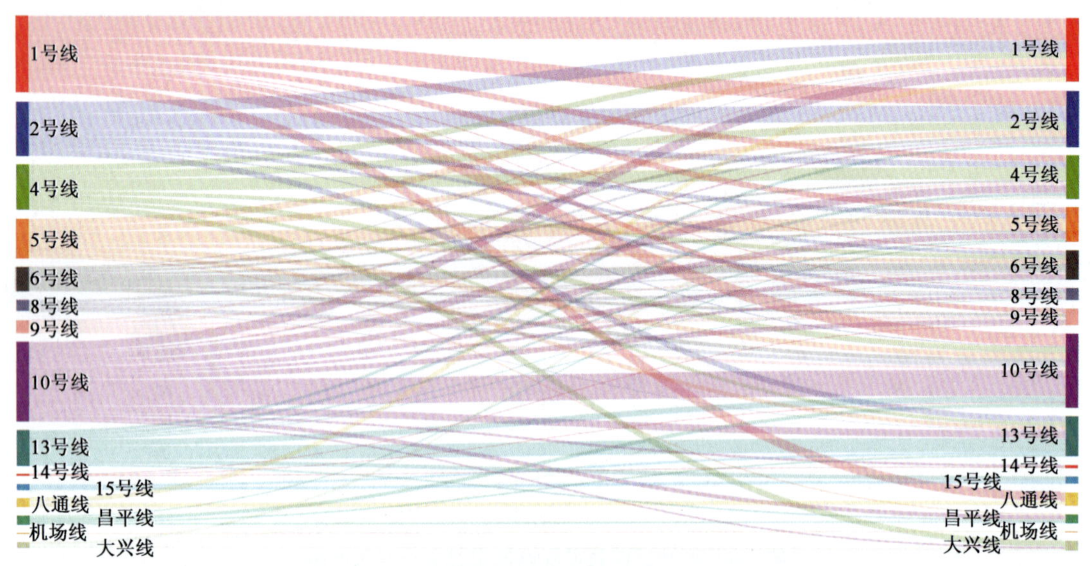

图 3-9 轨道交通线路客流 OD 分布桑基图

通过对图 3-9 的分析可知，各条线路中：

（1）1 号线、2 号线、4 号线、5 号线、10 号线、13 号线这些早期建成的轨道线路，在轨道线路客流运力上位居北京市的前六名，总共分担北京轨道客流近 60% 的客流量。这些线路带动线路周边乃至线路毗邻的远郊区的发展，使其周边功能区发展成熟。同时，上述轨道线路间的客流互通率较其他线路高，且到达其他轨道线路的客流量小而分散。例如，1 号线客流以较大比例集中到达本

线、2号线和10号线等，以较小比例分散性到达9号线、八通线等；10号线客流以较大比例到达本线、1号线、4号线等，以较小比例分散性到达大兴线、14号线等。

（2）4号线的延伸线——大兴线、5号线、6号线、8号线、9号线、八通线和昌平线是承载远郊客流量的主要轨道线路。其中，6号线、8号线、9号线作为新一代崛起的远郊接驳线路，目前已分担近30%的远郊客流。由远郊线路始发的客流所达的轨道线路相对较少，可选性不强。例如，昌平线客流分散性到达本线、13号线和8号线等；大兴线客流以较大比例到达本线、4号线、10号线等。

（3）新崭露头角的14号线和15号线的客流量虽然较（1）项和（2）项中线路客流小，但却超过7号线、亦庄线和房山线客流量，跻身至轨道线路客流的前15名排位中。这2趟新建线路主要用以接驳成熟发展的（1）项和新兴崛起的（2）项中的轨道交通线路，以实现北京市轨道交通的无缝换乘。例如，14号线主要接驳10号线、7号线、5号线、4号线、1号线，以便于东南部和西南部客流实现无缝换乘；15号线主要接驳13号线、5号线、8号线，以便于东北部客流实现无缝换乘。

第四节　基于时间维度的轨道交通客流可视化

一、轨道进/出/换乘客流量时变特性对比分布散点图

与条形图和饼图一样，散点图（Scatter Chart）也是最常见、最容易绘制，且最容易解读的图表之一。它仅适用于低维数据集。散点图常用于描述统计量的频数分布，能极好地展示图表中数值的分布情况，也便于识别图中的最值或极值点。

基于2015年8月15日的客流进站刷卡数据，结合散点图，描绘北京市轨道交通在这一天的单位小时内的进站客流量均值的时变特性，如图3-10所示。图中，横坐标表示一天内24h，以1h为时间间隔。纵坐标表示轨道进站客流量的

分段情况，不同形状的散点分别表示轨道交通的进站客流量、出站客流量和换乘客流量。

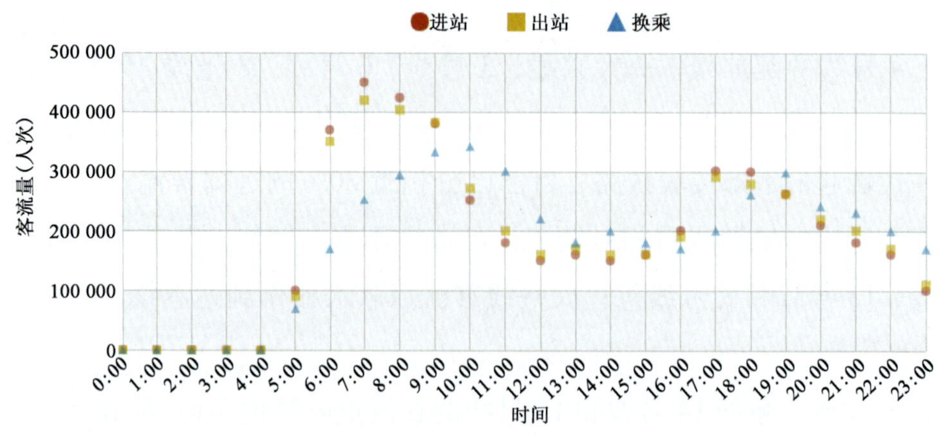

图 3-10　轨道进/出/换乘客流量时变特性对比分布散点图

通过对图 3-10 的深入分析可知，一天内：

（1）轨道的进站客流量稍微高于换乘客流量值；轨道的出站客流与进站客流的变化趋势基本一致。

（2）轨道的进站客流量在早高峰时段（7:00 至 9:00）和晚高峰时段（17:00至20:00）各出现一次峰值。且晚高峰峰值小于早高峰峰值，但其持续时间长于早高峰的持续时间。同时，中午时段（12:00～14:00）还会出现一个轻微的“午峰”，但峰值未超过早、晚高峰峰值。其他时段的客流分布不均匀。

（3）与轨道的进站客流量相似，轨道的换乘客流量也同样出现 2 次早晚峰值和 1 次“午峰”，但都较进站客流的峰值滞后或超前 30min～2h。究其原因，乘客居住区现已大多分布于北京市四环外，而具有换乘功能的站点均位于城市四环内部，因此进入或驶出轨道站点的客流，一般需要行驶一定距离才能到达换乘站点进行换乘。

二、轨道交通客流流向时变特性条形堆叠图

上节提及，条形图是最常见、最容易绘制，且最容易解读的图表之一。它适用且仅适用于低维数据集、常用大小排序的应用中。条形堆叠图是多个条形图的组合表现形式。

图 3-11 采用多维条形堆叠图的形式描述了在不同流向下轨道交通客流的时变特性。图中，纵轴代表一天内 24h，以 1h 为时间间隔；横坐标表示轨道客流量的分段情况；条形图颜色代表客流的 3 类流向，即进站、出站和换乘方向。该条形堆叠图通过条形的长短差异形象地反映不同流向的客流的时段特性。

图 3-11 的分析结果与图 3-10 的分析结果一样，因此不再赘述。

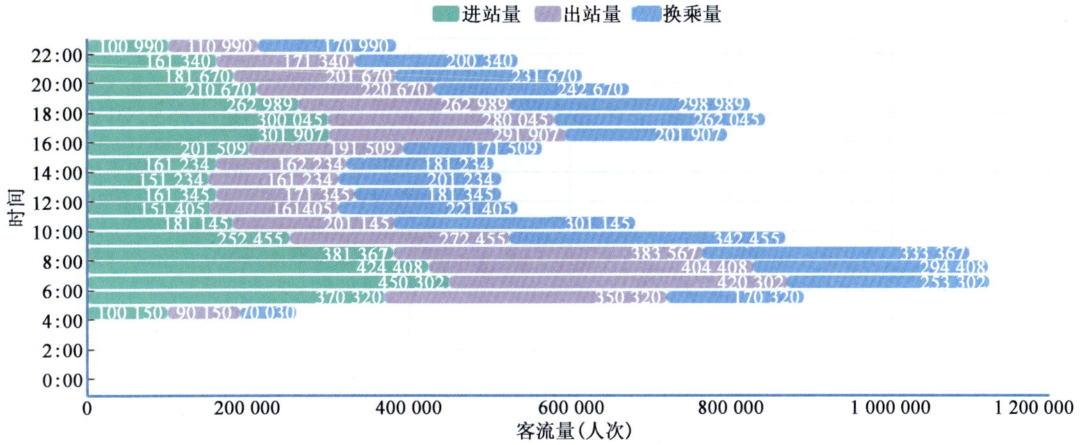

图 3-11　轨道交通客流流向时变特性条形堆叠图

三、轨道客流时变特征事件河流图

事件河流图（Scatter Chart）是最常见、最容易绘制，且最容易解读的图表之一。它适用且仅适用于低维数据集，常用于描述统计量的频数分布，能极好地展示图表中数值的分布情况。与其他传统图表不同的是，事件河流图的横纵坐标确实存在，但不能被直接观察到，以“隐形杠杆”的形式存在。

图 3-12 采用事件河流图展示轨道交通一天内平均小时客流量的分布情况。

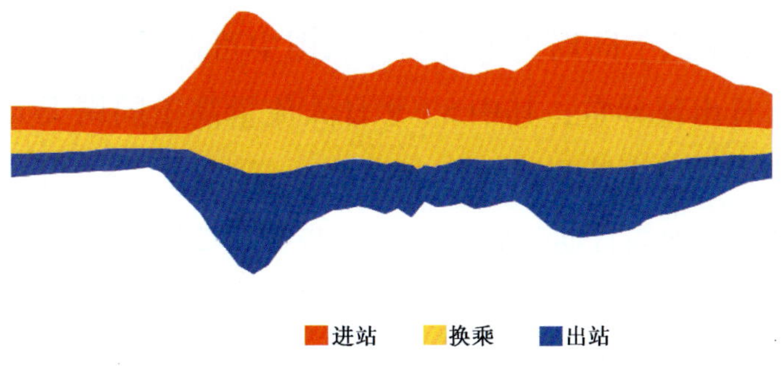

图 3-12　轨道客流时变特征事件河流图

其中，隐形横坐标表示一天内 24h，以 1h 为时间间隔；隐形纵坐标表示轨道客流量的分段情况；河流图颜色类别表示进站、出站及换乘方向轨道客流类别。

图 3-12 的分析结果与图 3-10 一样，因此不再赘述。

四、轨道交通刷卡数据异常值检测

在上述研究中发现，地铁乘客出行量在每周的星期一到星期五变化规律相似，可将不同周的相同周天（例如所有的星期一）称为同周天，通过标准差异常值的检测法判断同周天不同站点流量是否存在异常。具体计算异常值的方法如下：

（1）取同周天每天每个站点的人流量，计算同周天每个站点人流量的平均值 μ。

（2）计算同周天每天每个站点人流量的标准差 σ。

$$\sigma = \sqrt{\frac{\sum_{i=1}^{N} (x_i - \mu)^2}{N}} \tag{3-21}$$

式中：N——同周天数；

x_i——同周天第 i 天站点的人流量。

（3）对标准差进行归一化，线性变换原始结果值，使结果值映射到［0-1］之间。

$$\sigma_i^* = \frac{\sigma_i - \min(\sigma_1, \sigma_2, \cdots, \sigma_N)}{\max(\sigma_1, \sigma_2, \cdots, \sigma_N) - \min(\sigma_1, \sigma_2, \cdots, \sigma_N)} \tag{3-22}$$

（4）对归一化结果进行正负判断，即如果人流量大于平均值，归一化值为正，反之则为负。

最后，得到的异常值检测如图 3-13 所示，蓝色表示人流量高于同周天平均值，红色表示人流量低于同周天平均值。从图中可以看出，2013 年 6 月 8、9、10、11、12、27 日出现异常，其中 8、9 日人流量高于同周天人流量，11、12、13 日人流量低于同周天人流量。

在检测出客流异常的日期基础上，进一步分析 2013 年 6 月的刷卡数据，提取在上述异常日期内流量异常大的站点。分析结果可知：

（1）2013 年 6 月 9 日地铁站点西二旗人流量偏差较大，高于同周天人流量，2013 年 6 月 12 日地铁站点西二旗人流量偏差较大，低于同周天人流量。

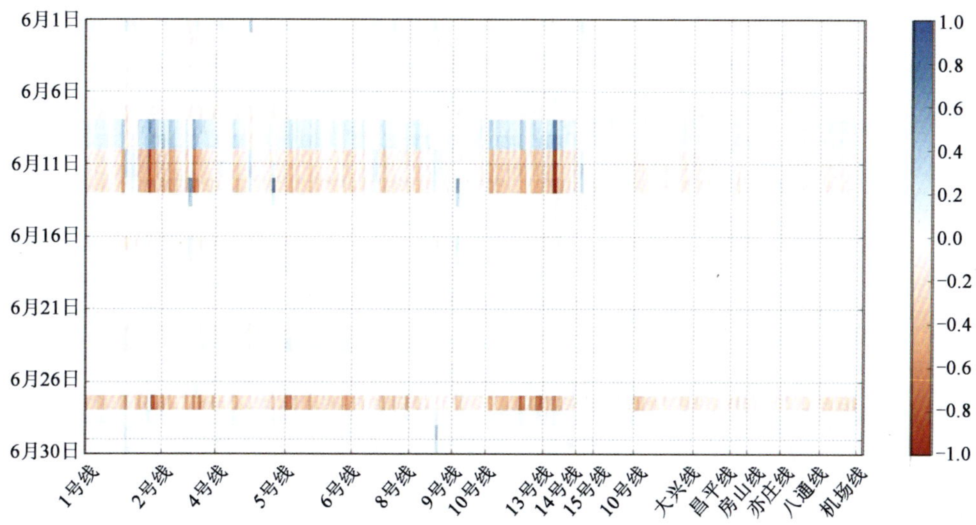

图 3-13　地铁每日进站流量异常值检测

（2）东直门为 6 月总流量最大的站点，且在 27 日异常值最大。

因此，本节进一步选取西直门和东直门这两个站点进行流量对比分析。

首先选择流量异常的西二旗地铁站，分析 6 月 9 日和 6 月 12 日的数据，如图 3-14 可以看出，6 月 9 日数据存在明显的上下班高峰值，而 6 月 12 日虽是星期三，但是人流量明显低于同周天数据。这是由于 6 月端午节倒休，导致 12 日实际为休息日，而 9 日为工作日，西二旗站周围办公场所较多，主要人流为上班族，通勤出行流量较大，所以异常较为明显。

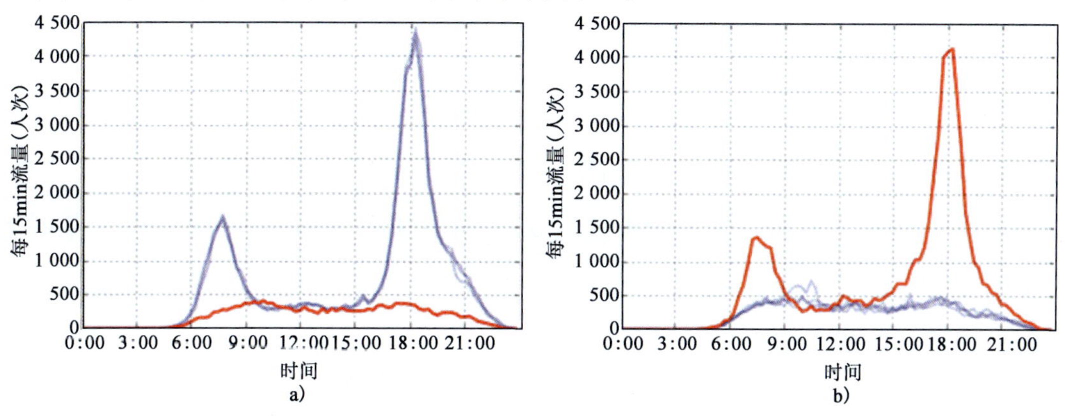

图 3-14　西二旗站点同周天人流量变化

a）2013-06-12；b）2013-06-09

另外，选择东直门站6月27日数据与同周天其他数据比较，如图3-15观察可以发现，6月27日人流量低于同周天人流量，但仍存在早晚高峰现象，查询历史数据，6月27日为北京市高考出分日。

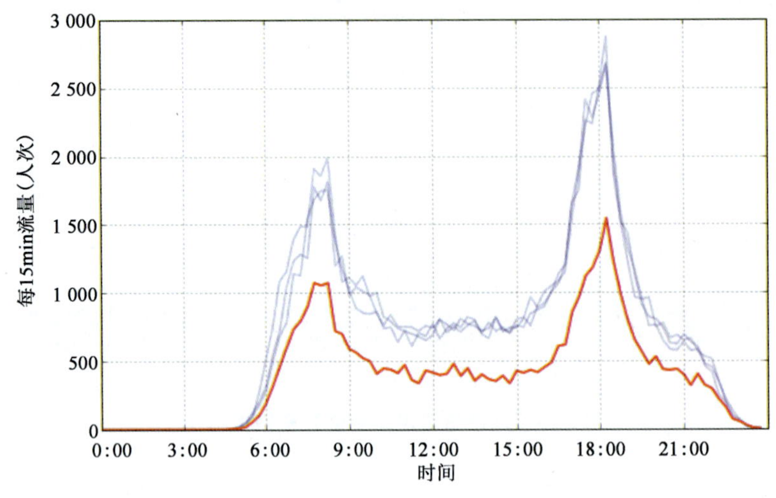

图3-15　东直门站同周天人流量变化

从上述分析可以发现，轨道客流出行在时间和空间上均具有一定规律性，如轨道客流在休息日和工作日人流量差别较大，且在工作日人流量变化较大；其次在工作日期间，上班族出行量较大，通勤出行所占比例较高，因此本书将在第六章对总体出行乘客进行分类，从时间、空间等多角度对乘客出行行为进行分析。

五、轨道交通小时客流量周变特性分布像素图

像素图，又称为马赛克图，是用颜色深浅可视化统计量数值大小。本节基于2015年8月13日到8月19日期间的轨道刷卡数据，描述了1周内平均每小时轨道客流量的时间变化特性，如图3-16所示。其中，图中共有7行和19列，分别对应1周的7天和一天的19h（5:00～24:00）。像素颜色深浅表示某时刻下平均每小时的轨道客流量的大小。颜色越深，客流越大。该图可让读者直观把握1周内各时段的客流时变规律。

通过对图3-16的分析可知：

（1）一周的工作日内，轨道客流量呈现明显的早高峰（7:00～9:00）和晚高峰（17:00～20:00）峰值。晚高峰持续时间较早高峰长，但客流量并没有早

高峰客流量密集。工作日其他时段的客流分布不均匀，中午时段（12:00～14:00）还会出现一个轻微的"午峰"，但并无明显峰值。

（2）周末全天轨道客流量分布均匀，无显著峰值。上午客流量轻微峰值出现在10:00以后，较工作日上午的峰值有明显滞后性。18:00～22:00时段出现一个轻微峰值，有可能是周末外出就餐或休闲娱乐的群体较多。

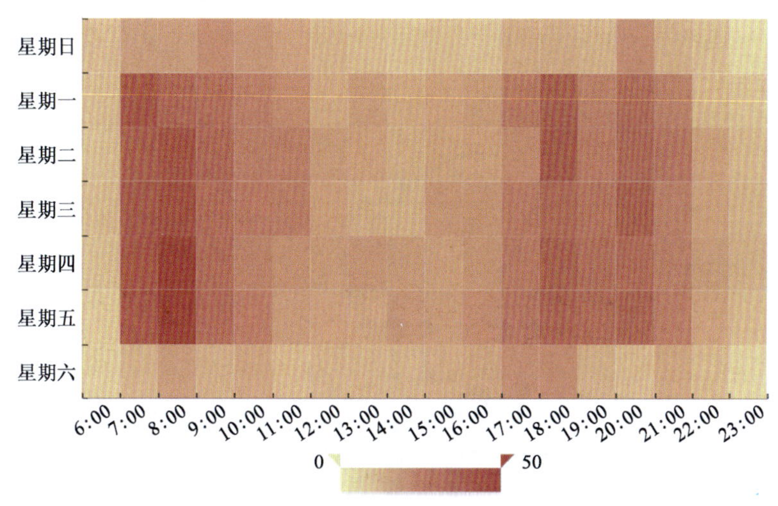

图3-16　轨道交通小时客流量周变特性分布像素图

第五节　基于空间维度的轨道交通客流可视化

一、轨道进站量与换乘量的空间比例分布图

基于北京市轨道交通线网，本节对北京市所有轨道交通站点早高峰时段（8:00～9:00）内进站量与换乘量的空间比例分布情况进行可视化，如图图3-17所示。截至2015年年底，北京市已有18条轨道运营线路、334个轨道站点（含56个换乘站）。其中，每个站点客运量由进站量和换乘量组成。圆弧角度大小表示轨道客流量大小，角度越大则客流量越大。圆的颜色表示进站、换乘流向。其中，橙色表示进站流向，蓝色表示换乘流向。图3-17的可视化方式适用于在有限的空间内对轨道多维度的关键信息进行突出展示，例如站点相关

信息，如站点空间分布位置等；或流量相关信息，如各流向客流量最值、客流量差异最值等。该图便于读者在短时间内快速抓取图中重点，但是肉眼对面积的敏感性不强，并不适合读者掌握圆圈的面积大小。

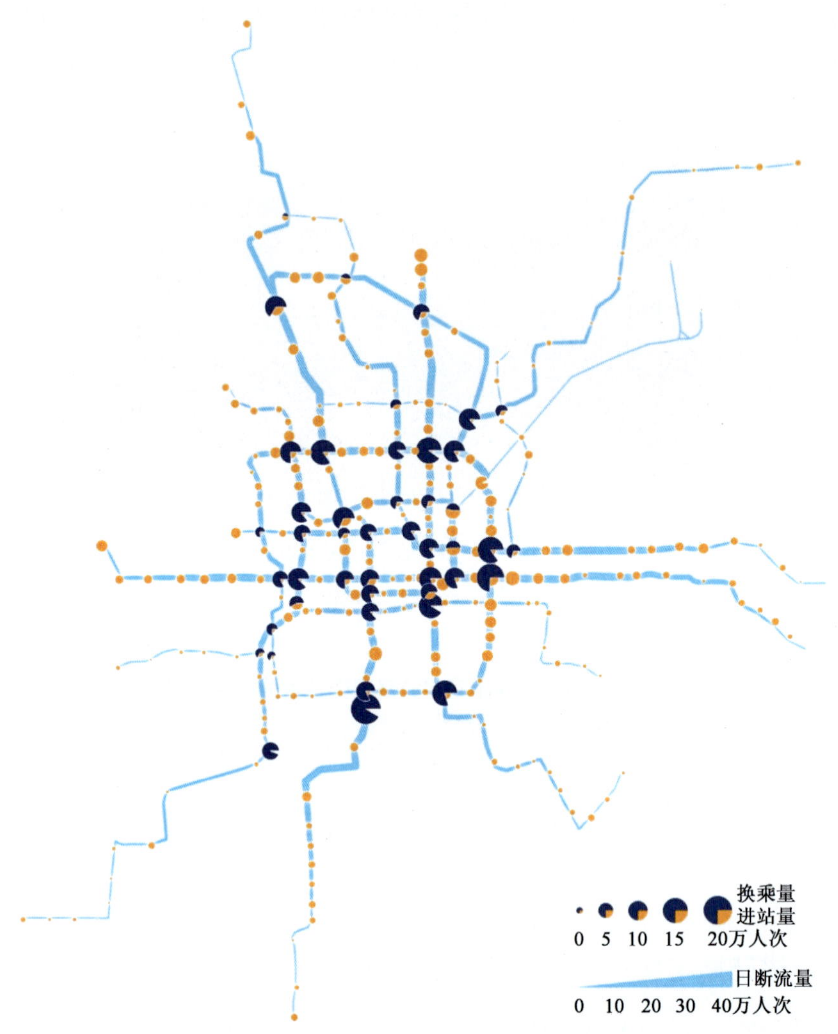

图 3-17 轨道进站量与换乘量的空间比例分布图

通过对图 3-17 的分析可知：

（1）北京市各轨道站点的高峰小时客流量不同，且呈现明显差异性分布。知春路站、惠新西街南口站和大望路站的轨道客流总量位居前三。

（2）具有换乘功能的站点处，换乘流量显著高于该站的进站流量，这两类客流在流向分布上显著不均衡。代表性站点有大望路站、惠新西街南口站、知春路站。其中，接驳远郊线路的站点换乘量尤其高，如宋家庄站、郭公庄站、西二旗站等。其他换乘站如朝阳门或崇文门站并无此显著现象。换乘流量较高的站点大多数分布或接驳于1号线、4号线、5号线、10号线上。

（3）非换乘站点处，流量呈现显著不均衡的站点有天通苑北站、苹果园站和通州北关站。该站在早高峰时段的进站流量显著高于换乘流量。

二、公共交通客流拓扑结构图

本节基于北京市2015年8月13日至8月17日（工作日）的早晚高峰时段的公交与轨道的刷卡数据，采用客流拓扑结构图，描述了北京市1 017个交通小区的拓扑空间结构，如图3-18所示。图中，各视觉元素解释为：抽象点表示各交通小区，点颜色代表其所属行政区，点大小代表交通小区的轨道客流总量，点与其他点的距离代表公交出行的关联强度。一般来说，距离越近或越集聚，则交通小区间的客流量越大。同时，点的空间位置仅表示该交通小区在公交客流拓扑结构的位置，与地理空间位置无直接联系。若布局接近地理空间分布，则说明出行分布接近重力模型。

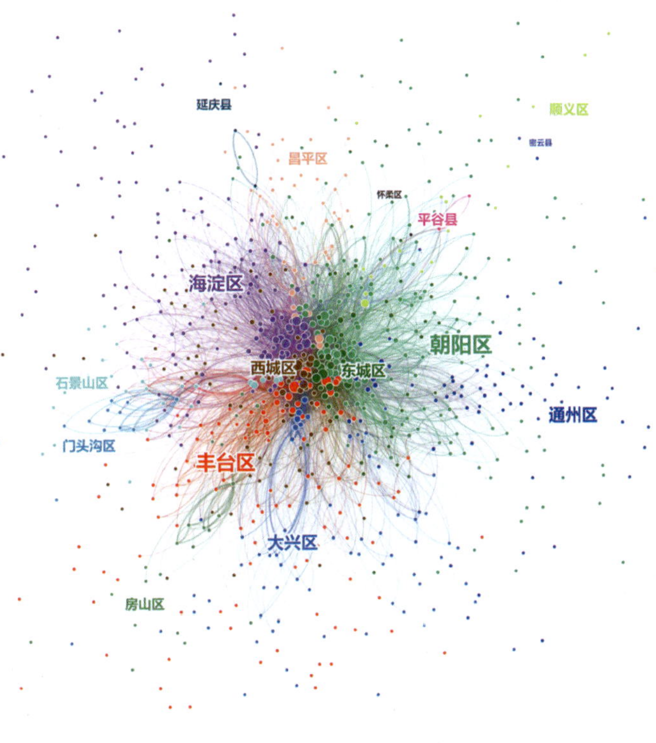

图3-18　北京公共交通客流拓扑结构图

图 3-18 代表北京市公共交通通勤客流拓扑结构图，也可间接表示北京市居民的职住分离空间分布情况。通过对该图的分析可知：

（1）若职住平衡水平（居民均在同一行政区职住）较高，则同一行政区内各 TAZ（相同颜色的点）应相互集聚，在重力吸引模型的作用下，各点的位置布局应与绝对地理空间相似。

（2）图中各点布局与绝对地理空间的偏差越大，代表职住平衡水平越低，例如通州区各 TAZ 明显向朝阳区“侵入”，部分小区已经完全包含于东城区、朝阳区，高度集聚，表明通州区大量通勤目的地位于东城区、朝阳区，职住分离明显。这种现象在北京市郊区县中均有出现，如房山区、昌平区、大兴区。

（3）为描述职住分离程度，引入离心率概念，若将严格依靠重力模型时北京市各 TAZ 间的总阻抗的倒数记作离心率为 1，则根据客流量数据计算得到北京市整体公共交通通勤出行的离心率约为 1. 37，其中郊区县客流加权离心率约为 2. 28。

三、轨道站点客流三维空间分布喷泉图

基于北京市轨道交通线网，分析北京市 2013 年 6 月 4 日早高峰时段内（7：00 ~ 8：00）客流量及平峰时段（10：00 ~ 11：00）客流量，并以流量喷泉图的形式，对比可视化分析两个时段下轨道站点客流量的空间分布变化情况，如图 3-19 所示。图中，喷泉高度表示站点客流量大小，喷泉越高则客流量越大。该图的可视化方式非常适用于在有限的图片空间内对轨道多维度的关键信息进行突出展示，例如站点相关信息，如站点空间分布位置等；或流量相关信息，如客流量最值等。该图的用户体验型号，可支持放大缩小、鼠标拖动、旋转等操作，便于任何读者在短时间内快速抓取图中重点。

通过对图 3-19 的深入分析可知，在早高峰与平峰时段内：

（1）早高峰时段内，北京市各轨道站点的高峰时段客流量不同，且呈现明显差异性分布现象。同时，换乘站的轨道客流总量显著高于非换乘站的客流总量。代表性站点有大望路站、惠新西街南口站、知春路站。但是在平峰时段内，站点客流量不存在较大差异的空间分布现象，且换乘站的轨道客流总量也只是

微高于非换乘站的客流总量。

（2）早高峰时段内，接驳远郊线路的站点客流总量也相对较高，如宋家庄站、郭公庄站、西二旗站等。但是，在平峰时段内，这些站点的客流量显著低于北京市四环内轨道站点的客流量。

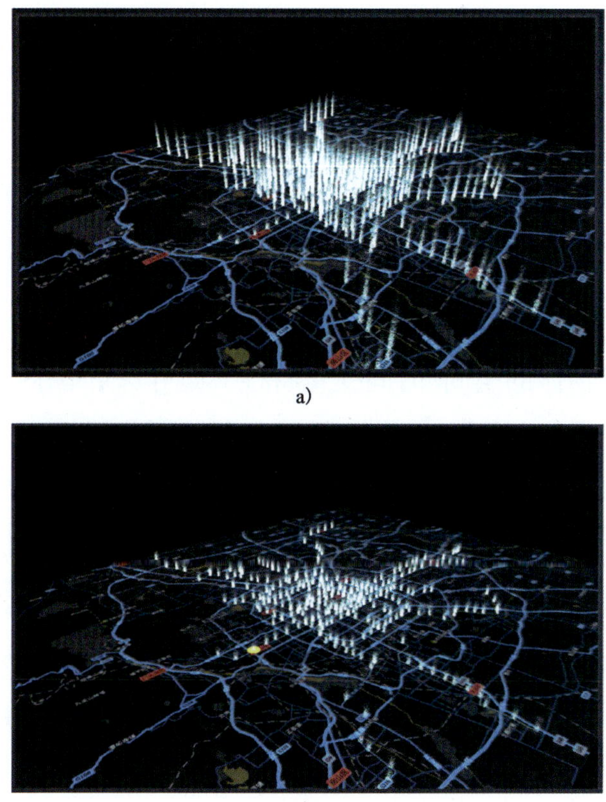

a)

b)

图 3-19　轨道站点客流三维空间分布喷泉图

a）早高峰时段；b）平峰时段

（3）早高峰时段内，客流总量较高的站点大多数分布于 1 号线、4 号线、5 号线、10 号线等轨道线路。但是，在平峰时段内，各线路的站点客流总量基本无显著性差异。

（4）早高峰时段内，客流量呈现显著不均衡的非换乘站点有天通苑北站、苹果园站和通州北关站。这些站的客流总量显著高于其他非换乘站点的客流总量。但是，在平峰时段内，这些站的客流总量显著低于北京市四环内的轨道站点客流总量。

第四章 城市轨道交通客流移动轨迹可视化

CHAPTER 4

轨迹数据描述物体的空间/时间变化特性。近年来，国内外学者就轨迹数据可视分析研究已开展大量研究工作，研究内容的划分根据研究对象的不同而不同。例如，根据移动个体是否多元，可将轨迹可视化研究划分为个体移动轨迹可视化及群体移动轨迹可视化两类。根据移动区域空间属性特征是否为热点区域，可将轨迹可视化划分为一般空间轨迹可视化及热点区域轨迹可视化两类。根据轨迹数据可视化方法的流程不同，可将轨迹可视分析方法大体划分为直接可视化、聚集可视化和特征可视化三类。基于此，本章将从轨迹可视化方法的角度，以案例分析的方式描述轨道交通客流移动轨迹的直接可视化、聚集可视化及特征可视化。

第一节　移动轨迹直接可视化

直接可视化是最基本的可视分析方法，它将轨迹数据一一绘制出来，并显示给用户观察。在这种方法中，计算机做的主要是“可视”的部分，而“分析”大部分依靠人来完成。直接可视化的优点如下：

（1）几乎不对数据做任何假设和建模，因此可以较好地容忍数据中的噪声和异常值。

（2）不要求有明确的分析任务，因此很适合进行探索式分析。

（3）不需要进行特别的计算，结果简单明了，而且最准确地保留了数据中的信息。

（4）方法简单直接，易于编程实现。

然而，由于直接可视化方法过于直接，它不适用于分析大量轨迹。当轨迹很多时，相互间的遮挡将非常严重。

选取 2015 年 8 月 13 日 6：00 ~ 10：00 这 4h，分别生成每一时段下轨道交通客流的出行轨迹，并进行轨迹叠加，得到如图 4-1 所示的移动轨迹空间分布叠加效果图。其中，线网的粗细程度代表客流量的大小。线网越粗，客流量越大。

通过对图 4-1 的分析可知，在给定时间段内，客流轨迹密集程度不断变

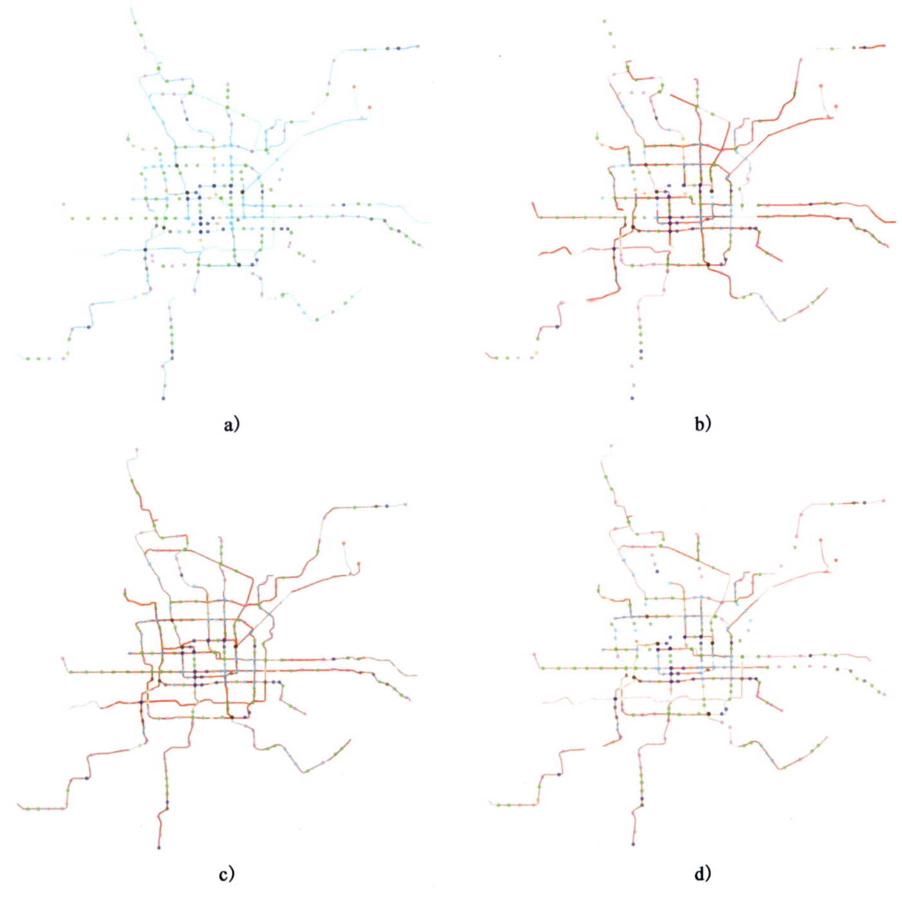

a)　b)　c)　d)

图 4-1　轨道交通客流移动轨迹空间分布

a）6：00 ~ 7：00 时段；b）7：00 ~ 8：00 时段；c）8：00 ~ 9：00 时段；d）9：00 ~ 10：00 时段

化，且：

（1）6:00 ~ 7:00 时段内，客流活跃性较低，密集程度较低。

（2）7:00 ~ 8:00 时段内，密集程度缓慢上升。

（3）8:00 ~ 9:00 时段内，密集程度骤然上升，并至峰值。

（4）9:00 ~ 10:00 时段内，轨迹密集程度缓慢下降。

第二节　移动轨迹聚集可视化

当轨迹数据较大时，轨迹间严重的相互遮挡问题使得直接可视化的方法不再适用。这时可考虑使用聚集可视化，即轨迹数据先经过聚集处理，再展示给用户观察。

轨迹数据的聚集计算在思想上和数据挖掘中的空间数据立方体[35]相关，它们都是基于一个多维数据模型，并在每个维度上对数据做统计。对于轨迹数据，这些维度包括时间（记为 T）、空间（记为 S）、轨迹的路径（记为 R）以及每个轨迹记录点上的属性值（记为 A）。基于所选维度的不同，Andrienko 等将聚集可视化方法分为时空和属性聚集（S × T × A）、出发点—目的地聚集（S × S）和路径聚集（R）[36]。下面将一一通过案例分析介绍这三种可视化方法。

一、个体出行轨迹时空和属性聚集分布雷达图

本节基于北京市 2015 年 3 月 1 日至 3 月 31 日期间某个体的轨道交通刷卡数据，以雷达图的表现形式，描述了 1 个月内该个体在轨道交通场所中的所有移动轨迹分布图，如图 4-2 所示。图中，圆圈上的刻度代表一天内 24h，以 1h 为时间间隔。一条轨迹代表一次出行记录。每一条轨迹都有“两点一线”。“两点”为轨迹的起点和终点，分别用红色和所达功能区的颜色表示。“一线”为轨迹的实际行驶路径。线条的颜色类别代表轨迹所到达功能区的种类；线条的粗细表示个体使用当前路径的频繁程度；线条长短代表轨迹起终点的行驶距离。

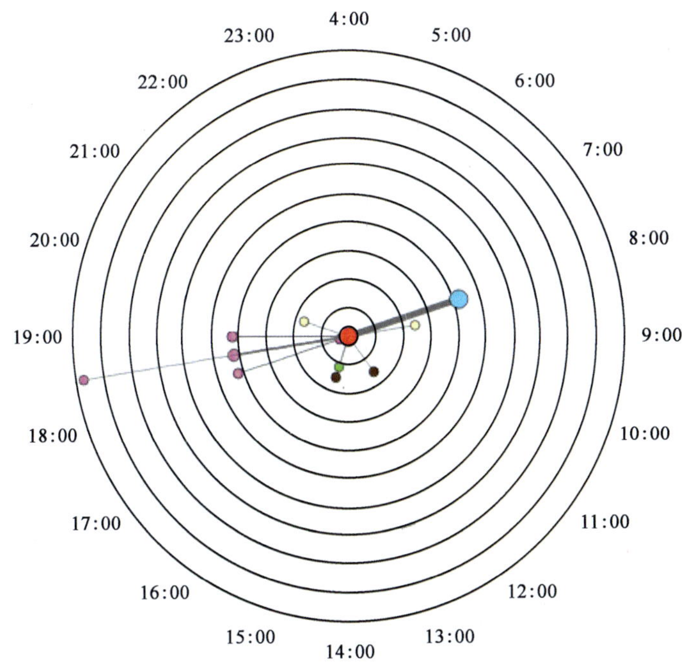

图 4-2　个体出行轨迹时空和属性聚集分布雷达图

通过对图 4-2 的分析可知，所选个体 1 个月内的行驶轨迹集可分为比较明显的 3 类：

（1）在 6:00 ~ 9:00 时段内到达功能区 S5（商业办公服务区）的轨迹集。这类轨迹粗而多，且轨迹长度基本相等。这类轨迹集为前往工作地点上班出行类别，路径频繁，出行时段集中，旅行时间均较固定。

（2）在 16:30 ~ 20:30 时段内到达功能区 S2（生活休闲服务区）的轨迹集。这类轨迹粗而多，但轨迹长度不一。这类轨迹集为前往住宅、居住区等家庭住址的回家出行类别，路径频繁，但出行时段和旅行时间均不固定。

（3）在 11:30 ~ 13:30、15:30 ~ 17:30 或 20:00 ~ 22:00 等时段内到达功能区 S7、S3（汽车站或市内轨道交通站点相关服务区）的轨迹集。这类轨迹细而少，且轨迹长度不一。这类轨迹集为前往火车站、汽车站等交通枢纽设施的娱乐性出行类别，路径不频繁，出行时段和旅行时间均不固定。这类轨迹集反映所选个体在工作日的中午时段会偶发性地前往交通枢纽区进行短暂的休闲娱乐活动，比如外出就餐、商业或休闲会面等。

二、出发点—目的地聚集可视化

出发点—目的地（Origin-Destination，OD）聚集考虑的是物体在空间区域之间的移动。这类聚集方法仅适用于空间区域数量有限的场景。因此，一般要先对地图进行空间划分，并计算任何一对 OD 区域之间的移动统计特征（如客流移动量）。通过上述形式，轨迹数据已被转化成 OD 特征数据。它描述的是一对 OD 之间的特征属性，如区域间人口迁移量等。它和轨迹数据的区别是：它不记录具体的移动路径。

下面将介绍可视化轨道交通跨行政区 OD 客流数据的 OD 矩阵分布图和 OD 流向图（flow map）等。

1. 公共交通跨行政区 OD 矩阵分布桑基图

基于北京市 2015 年 8 月 13 日至 8 月 17 日（工作日）的公共交通刷卡数据，结合桑基图的表现形式，可视化早/晚高峰（左/右半部分）内公共交通跨行政区的客流 OD 转移分布情况，如图 4-3 所示。为增大包容性，图中早高峰取 6:00～9:00，晚高峰取 16:00～19:00，得到早、晚高峰客流均值为 23 万人次。同时，按照行政区划分将北京市分为 16 个交通小区。图中，灰色连接带为客流转移流向与转移量，彩色连接带表示某些小区的膨胀与收缩变化趋势。

通过对图 4-3 的分析可知：

（1）全市范围内，早高峰的客流生成总量与晚高峰的客流生成总量相近，差异范围在 10% 以内，可以体现北京市整体通勤出行的规律性较强，侧面印证了数据的可靠性。

（2）部分行政区出现了晚高峰出行量小于早高峰到达量的情况，以朝阳区和海淀区为典型代表，可能由于部分加班者未在晚高峰窗口内离开该区域造成，相对吸发差异均值约为 6%。

（3）图示体现了北京市显著的出行潮汐现象，海淀区、朝阳区、东城区、西城区 4 主城区是吸引通勤出行的主要区域，其中海淀区日间吸引公交出行量为输出客流量的两倍以上，吸引力最大。值得一提的是，平谷区产吸总客流虽然很小，但该区是城郊各区中唯一的膨胀区，主要吸引来自顺义的客流。

（4）除上述行政区外，其他各区均为潮汐客流的输出区域。虽然丰台区、石景山区为主城内行政区，但二者均为客流的输出区，一定程度上体现了北京市“北城”发展更快，而西南城发展较慢的不均衡性。在输出区中，收缩率最高的是昌平区与通州区，其中昌平区向海淀区、朝阳区输出较多（占比61%），通州区主要向朝阳区与东城区输出（占比42%）。

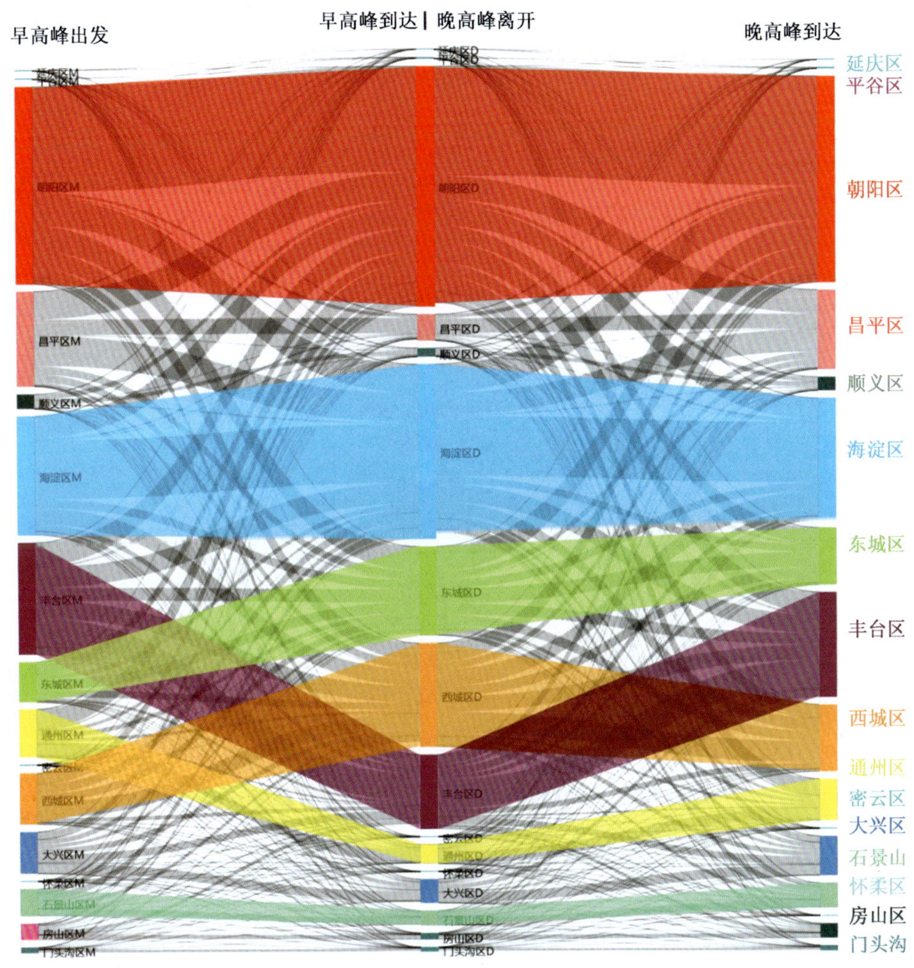

图 4-3 公共交通跨行政区 OD 矩阵分布桑基图

2. 公共交通各行政区运行轨迹 OD 期望线图

基于北京市 2015 年 8 月 13 日至 8 月 17 日（工作日）的公交和地铁交通刷卡数据，提取公共交通出行链。选取早高峰时段、晚高峰时段及其他时段这 3 类出行时段，以行政区作为地理空间划分的方法，绘制了北京市各行政区在上述时段内的公共交通客流流向期望线图，如图 4-4 所示。图中，线条粗细表示跨区流动的轨迹数量。

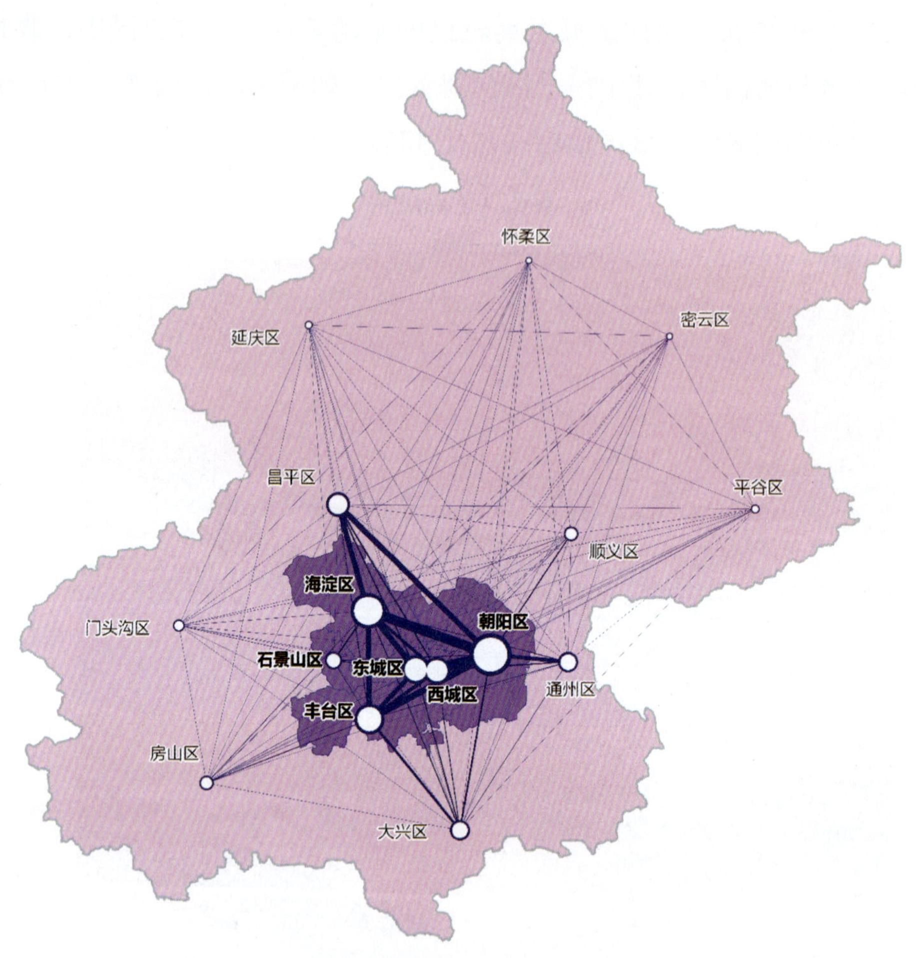

图 4-4 公共交通各行政区运行轨迹 OD 期望线图

通过对图 4-4 的深入分析可知：

（1）北京市日均公共交通出行总量约 800 万人次，以行政区作为区域划分依据分析排名前五位的行政区对的公交交互量。排在第 1 至第 5 位的客流交互量分别为："朝阳↔海淀" 47. 6 万人次；"朝阳↔东城" 40. 5 万人次；"朝阳↔丰台" 31. 8 万人次；"朝阳↔西城" 28. 4 万人次；"朝阳↔昌平" 27. 3 万人次。

（2）朝阳区的公共交通交互量最多，且朝阳区与海淀区的交互性最强。

（3）在公交交互量排名前五位的区对中，除昌平区外均属于城六区，昌平区是采用公交方式与北京市主城区联系最为紧密的城郊行政区。

三、轨道交通站点内轨迹 OD 流向空间分布图

选定北工大西门轨道交通站客流站台的监控视频，记录在 8:00～9:00 时段内监控视频中所出现的移动个体，对其进行目标追踪检测得到移动轨迹，最终得到这一时段下所有出现在该监控视频内的移动轨迹的空间流向叠加效果图，如图 4-5 所示。图中，所有轨迹根据流向被聚集成两类，分别为进站轨迹集（蓝色表示）和出站轨迹集（红色表示）。

图 4-5　轨道站点内轨迹 OD 流向空间分布图

通过对图 4-5 的分析可知，在选定早高峰时段内：

（1）各类轨迹集按密集程度由高至低排序为：进站轨迹集、出站轨迹集。进站轨迹集为出站轨迹集的两倍以上。可见，该站点在选定时刻的主导功能为进站。

（2）该站点周边功能区有 S2 类型（生活休闲服务区）和 S6 类型（教育医疗服务区）。该站在选定时刻，吸引大量 S2 区乘客进入进行通勤类出行，或者从该站驶出至 S6 功能区开展教育办公相关类服务。

第三节　移动轨迹特征可视化

可视分析最终的目的是帮助人们发现和分析数据中的特征，从而获得需要的信息。如果所关心的特征能够比较确定地计算出来，则可考虑采用特征可视

化，即先通过分析轨迹数据提取出特征，再将这些特征绘制出来。特征可视化细分为事件可视化和模式可视化。下面将用特征可视化的方式对轨道交通数据进行应用案例分析。

一、热点区域轨迹分布空间事件可视化

根据 Andrienko 等的定义，满足一定条件的事件称为事件。如果事件同时有空间位置，就成了空间事件[37]。对于轨迹数据，事件通常对应一些轨迹片段，并且同时有时间和空间信息。在事件可视化的方法中，用户先提取事件，再对事件进行显示和分析。本节所选取的特殊事件为热点区域，以描述热点区域的轨迹分布可视化。

选取地处北京东四环的热点轨道交通站点国贸站，并描述其在早高峰时段内站点客流的流入与流出空间分布图，如图 4-6 所示。图中，流入轨迹集用蓝色表示，流出轨迹集用红色表示；轨迹的密集度表示流量大小；轨迹的长度表示轨迹的行驶距离。

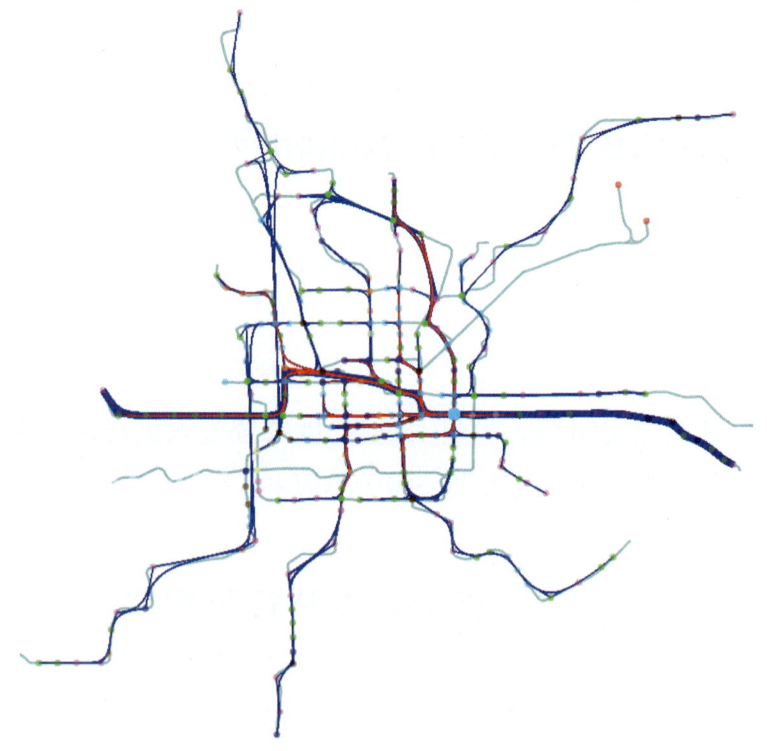

图 4-6　热点区域轨迹分布空间事件可视化

通过对图 4-6 的分析可知，在早高峰时段内：

（1）各类客流按密集程度由高至低排序为：流入客流、流出客流。可见，该站点的主导功能为进站。国贸站属于 S5 功能区（商业办公服务区），也兼具 S7 功能区服务（交通枢纽相关服务区），因此国贸站的站点吸引很强，吸引了大批客流到达此处或在此换乘。

（2）流入国贸站点的轨道交通客流多数来自于北京市东南方位。东边以通州区（如“次渠圈”）始发的客流居多；南边以大兴区（如“旧宫圈”）始发的客流居多。

（3）从国贸站点的流出客流到达其他站点活动圈的分布呈现“重力趋势”，即到达邻近站点活动圈的客流大而密集，如“东直门圈”“王府井圈”“西单圈”；到达较远站点活动圈的客流小而稀疏，如“中关村圈”“五道口圈”“五棵松圈”。

二、个体出行三维空间分布模式可视化

模式可视化研究的是所有数据中某个特征随时空和属性的变化模式。按照基于移动特征的分类，模式可视化既可以关注一般特征，也可以关注行为特征[38]。一般特征适用于几乎所有的轨迹数据，如轨迹间的相互关系；而行为特征只在特定的应用中有意义，如描述轨迹中隐含的低层次语义信息，如轨迹的速度、方向、频繁使用程度等。

图 4-7 用模式可视化的方式描述了某个体轨迹的三维空间特征分布情况。该图将个体移动轨迹抽象成地图上的一条折线，以突出轨迹的空间位置信息。图中，x 轴、y 轴表示轨迹的二维位置，z 轴表示时间。z 方向的斜率就大致表示了移动速度[39]。该图可以精确地表现二维轨迹位置随时间的变化，以及单条轨迹的高速运动和停止状态。但是该图只适用于少数轨迹的可视分析，不然多条轨迹之间存在严重的相互遮挡现象，这时可将轨迹路径绘制成三维折线。

通过对图 4-7 的分析可知，所选移动个体：

（1）在 7:30～9:00 时段和 17:30～19:00 时段各出现 1 次移动轨迹，每次移动轨迹大约耗时 1.5h 到达目的地。

（2）在7:30~9:00时段进行第1次出行。这段轨迹在初始的7:30~7:45时段朝向正北方位，但在7:45时刻朝向骤变为正东方位，可见在此时发生了轨道交通换乘行为，至新线后，持续至9:00时刻，结束此次出行。

（3）在17:30~19:00时段进行第2次出行，这段轨迹与上一段轨迹的时间间隔为8.5h。轨迹朝向正西方位往返程方向行进，但未直接回到最初启程的地点。

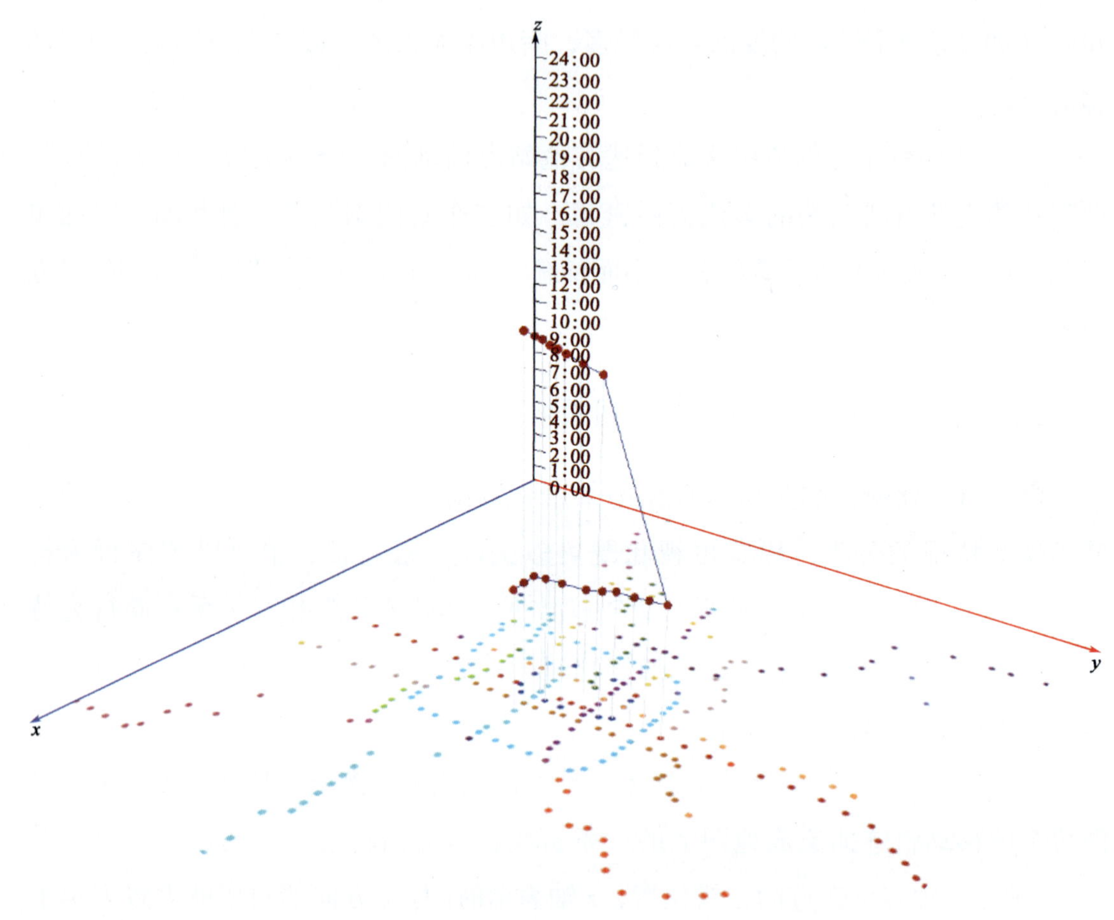

图4-7 个体出行三维空间分布模式可视化

第五章 CHAPTER 5 城市轨道交通客流出行特征可视化

轨道交通客流出行特征分析是客流类别划分的基础，也是分析与轨道交通相关的社会经济活动（如轨道交通周边房价调控）的着手点。轨道交通客流在不同时间、空间、属性下的特征可能存在显著性差异，如平均出行次数、平均出行时间、平均出行距离、片区停留时间。因此，本章基于2013年6月1日到6月30日的轨道交通刷卡数据，采用统计分析的方法，首先提取轨道交通客流的重要出行特征，并从时间、空间、类别等角度对上述客流特征进行可视化，最后分析上述轨道交通出行特征对轨道交通周边房价波动的影响关系。

第一节　客流出行特征定义

乘客出行分布特征主要表现在平均出行时间、平均出行距离和平均出行次数上。此外，通过分析乘客相邻两次出行的片区停留时间，能够发现乘客所处区域功能及出行目的。基于此，本章计算了1个月内所有轨道交通客流的平均出行次数、平均出行时间、平均出行距离、片区停留时间等特征参数，并分析上述特征参数与轨道交通周边房价变化的关系。轨道交通客流相关特征参数定义如表5-1所示。

轨道交通客流出行特征定义 表 5-1

属　　性	定　　义
平均出行时间	单位时间内所有轨道交通客流的平均出行时间（min）
出行时间可靠性	出行者能够准时到达目的地的概率
平均出行次数	单位时间内所有轨道交通客流的平均出行次数
平均出行距离	单位时间内所有轨道交通客流的平均出行距离（m）
片区停留时间	单位时间内所有轨道交通客流在某一站点周边的平均停留时间（min）
轨道交通周边房价	单位面积内某轨道交通周边的评价房屋市场售卖价格（元/m^2）

第二节　客流特征关联可视化

雷达图也称为蜘蛛图、星状图或极区图。一般地，雷达图从中心点出发辐射出三条以上坐标轴。每一维数据占用一条坐标轴以表示该维度上的数值分布，并和相邻坐标轴上的数据连接起来，形成一个不规则多边形。如果将相邻坐标轴上的刻度都连接起来，整个图形将形似蜘蛛网或雷达仪表盘，因此得名。雷达图的一个典型应用场景是显示同一对象在不同维度指标上的强弱差异。雷达图能方便地以二维形式展现多维数据的属性分布。它比传统的条形图更具视觉冲击力，能给枯燥单调的数据增色不少。

本节基于 2013 年 6 月 1 日到 6 月 30 日北京市的 11 450 928 位乘客的轨道交通刷卡数据，采用典型的雷达样式图，以二维形式展示不同行政区在多维客流出行特征（平均出行次数、片区停留时间、平均出行距离和平均出行时间）作用下的相应轨道交通周边房价波动变化情况，如图 5-1 所示。其中，每个环对象都视为一个行政区的 5 类特征指标的属性分布值。为便于视觉浏览，特选取区人口密度前十的 10 个代表性行政区进行雷达图可视分析。这 10 个代表性行政区分别为：东城区、西城区、朝阳区、海淀区、丰台区、石景山区、通州区、昌平区、大兴区和顺义区。

通过对图 5-1 的分析可知：

轨道交通周边房价波动与客流在房租价格具有很强的关联性，而房价同时体现了一个区域的发展水平，本节以房租价格表征房价的近似分布。

（1）房价偏高的轨道交通站点客流出行特征往往表现为“三短一长”，即平均出行时间较短，平均出行距离较短，片区平均停留时间较短，但平均出行次数较多。代表性行政区有东城区、西城区、海淀区。

（2）房价偏低的轨道交通站点客流出行特征往往表现为“三长一短”，即平均出行时间较长，平均出行距离较长，片区平均停留时间较长，但平均出行次数较少。代表性行政区有昌平区、大兴区、顺义区。

（3）其他4个行政区即朝阳区、丰台区、石景山区和通州区由于毗邻或拥有一定比例的商业办公服务区、生活休闲服务区或教育医疗服务区资源，这些行政区内的客流出行特征的数值分布和房价波动均介于（1）项与（2）项之间。且区域内的客流出行特征与房价波动特征的关联性并不显著。

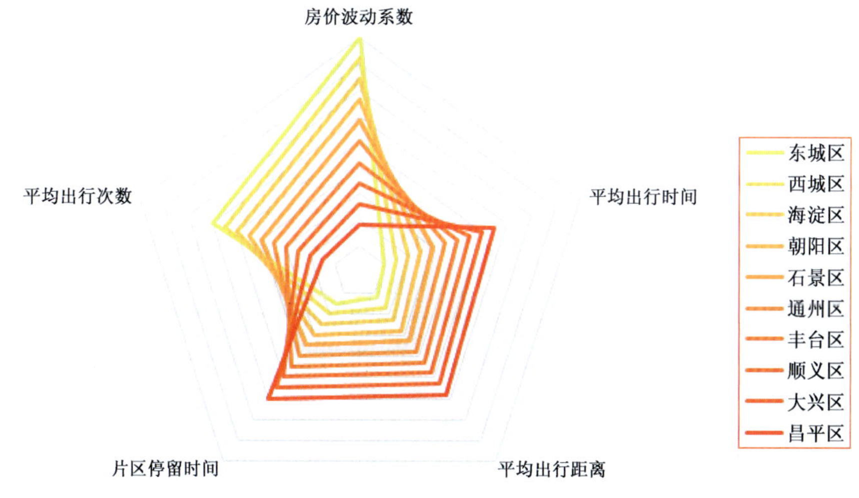

图5-1　轨道交通客流出行特征引领的“房价运动”波动图

第三节　平均出行次数可视化

一、轨道交通客流功能区下平均出行次数变化折线图

本节根据轨道交通客流出行频次的统计分布，提炼出5个出行频段。这5类出行频段定义及性质如下。

（1）极低频出行：某个体平均一周内只有0～1次出行。该个体可能为：

①本市常住居民中的老人、儿童、无业或待业中青年、身体不便群体；②外市间歇性赴京求医、旅游等群体；③本市常住居民中间歇性远足的上班群体；④本市常住居民中的异常出行群体；⑤其他。

（2）低频出行：某个体平均一周内只有2～5次出行。该个体可能为：①本市常住居民中的老人、儿童、无业或待业中青年、身体不便人群；②外市间歇性赴京求医、旅游等人群；③本市常住居民中间歇性远足的上班群体；④本市常住居民中的异常出行群体；⑤其他。

（3）中频出行：某个体平均一周内有6～8次出行，平均一周内至多有3～4天的往返出行。该个体可能为：①本市常住居民中的有固定或不固定职业的，且工作存在“轮流上岗制”的中青年群体；②本市常住居民中的求学少年群体；③本市常住居民中的异常出行群体；④其他。

（4）高频出行：某个体平均一周内有9～12次出行，平均一周内至多有4～6天的往返出行，且周末基本有“单休”或“双休”可能。该个体可能为：①本市常住居民中的“工作八小时+”的上班群体；②本市常住居民中的异常出行群体；③其他。

（5）极高频出行：某个体平均一周内至少有13次以上出行，平均一周内至少有6天往返出行，不排除周末有往返出行的可能。该个体可能为：①本市常住居民中的“六天工作制”的上班群体；②本市常住居民中的高频异常出行群体；③本市常住居民中服务行业群体，如快递；④其他。

基于上述分析，以折线图的形式，描述工作日与周末类别下，轨道交通客流在各功能区的周累计出行次数趋势变化情况，如图5-2所示。图中，横轴表示8种功能区类别，标记为S0到S7。纵轴表示该功能区一周内平均出行次数的分段情况。折线颜色表示工作日与非工作日之分。

通过对图5-2横向和纵向的分析可知：

（1）无论是工作日还是非工作日，功能区S2、S5、S6的出行次数显著高于其他功能区的出行次数。

（2）通过横向分析，可清晰观察到各类功能区的“最值”出行次数，即工作日时段，功能区S6、S5、S2的周累计出行次数均位居前三，且显著高于其他功能区的周累计出行次数。轨道交通枢纽站相关功能区 S7 或 S3 的出行次数次之；功能区 S1、S0、S4 的出行次数最少。

（3）周末时段，功能区 S4、S1、S2 的出行次数较工作日时段的出行次数显著上升。S6、S5 的出行次数较工作日时段的出行次数显著下降。其他功能区只有轻微的流量波动变化。

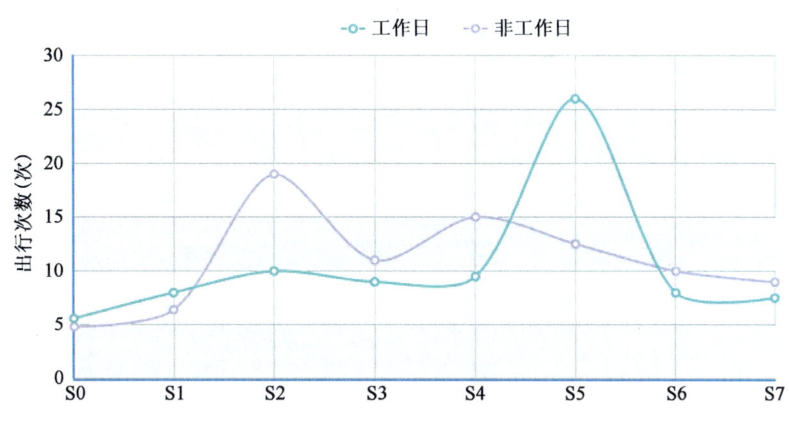

图 5-2 工作日与周末轨道客流功能区下平均出行次数变化折线图

二、行政区平均出行次数空间分布热力图

热力图是完美地将传统地图与现代数据结合的产物。首先，它根植于传统地图。一张热力图上的边界，一般是按照传统地图上的市、省、国家的行政区域边界来划分。其次，热力图以不同的颜色来对各个地区的不同情况予以显示。不同的颜色可以表示不同的研究对象基于地理位置的变化形态。热力图最大的特点，就是它的数据范围有边界。而这个边界是基于传统地图或者人为划定的。本书采用空间热力图形式直观可视化轨道客流一周内累计出行次数的分布，在强大的颜色视觉冲击下，客户对各类行政区中出行次数的空间分布形态一目了然。

基于 2015 年 8 月 13 日 ~8 月 19 日北京市轨道交通出行数据，以热力图为展现形式，可视化了北京市各行政区的周累计出行次数的空间分布情况，如图 5-3所示。图中用颜色变化来展现出行次数的多少，颜色越深，出行次数越多。

通过对图 5-3 的分析可知：

（1）北京城六区（东城区、西城区、朝阳区、海淀区、丰台区和石景山区）与昌平区的周累计出行次数显著高于其他行政区的周累计出行次数。

（2）各行政区的出行次数与市中心具有明显的向心力作用。离市中心越近的行政区的出行次数越多，离市中心越远的行政区出行次数越少。

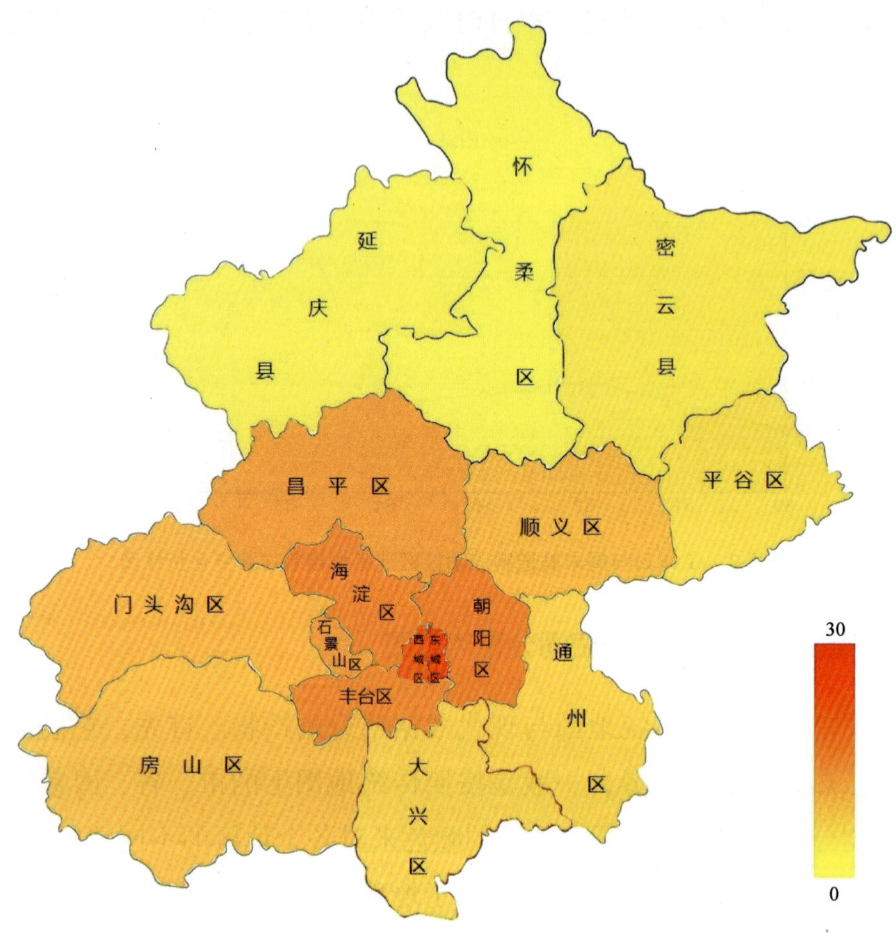

图 5-3 行政区平均出行次数空间分布热力图

第四节 片区平均停留时间轴可视化

时间轴可视化主要表现个体位置随时间的变化属性。本节使用时间条带图，描述某个体在不同片区内的停留时间变化特性，如图 5-4 所示。图中，横轴为一天内 24h，以 1h 为时间间隔，纵轴为一周内 7 天。条形颜色为 8 种功能区类别，横条的横向跨度代表在该区域停留的时长。

通过对图 5-4 的分析可知：

（1）工作日内，7：00 左右坐公共交通出行，8：00 开始上班，中午 12：00 ~ 14：00 左右为午休时间，下午 18：00 左右下班，然后乘坐公共交通回家，一直在家待到晚上。

（2）图 5-4a）可以看出，星期一、星期四和星期五的午休时间有一段短时出行，可能去其他生活区午餐、购物等。

（3）图 5-4b）所示的星期六和星期天各有一次出行，星期六中午的这次出行的目的可能是去看病或参加培训班等活动，星期天下午可能进行购物、聚餐等休闲娱乐活动。

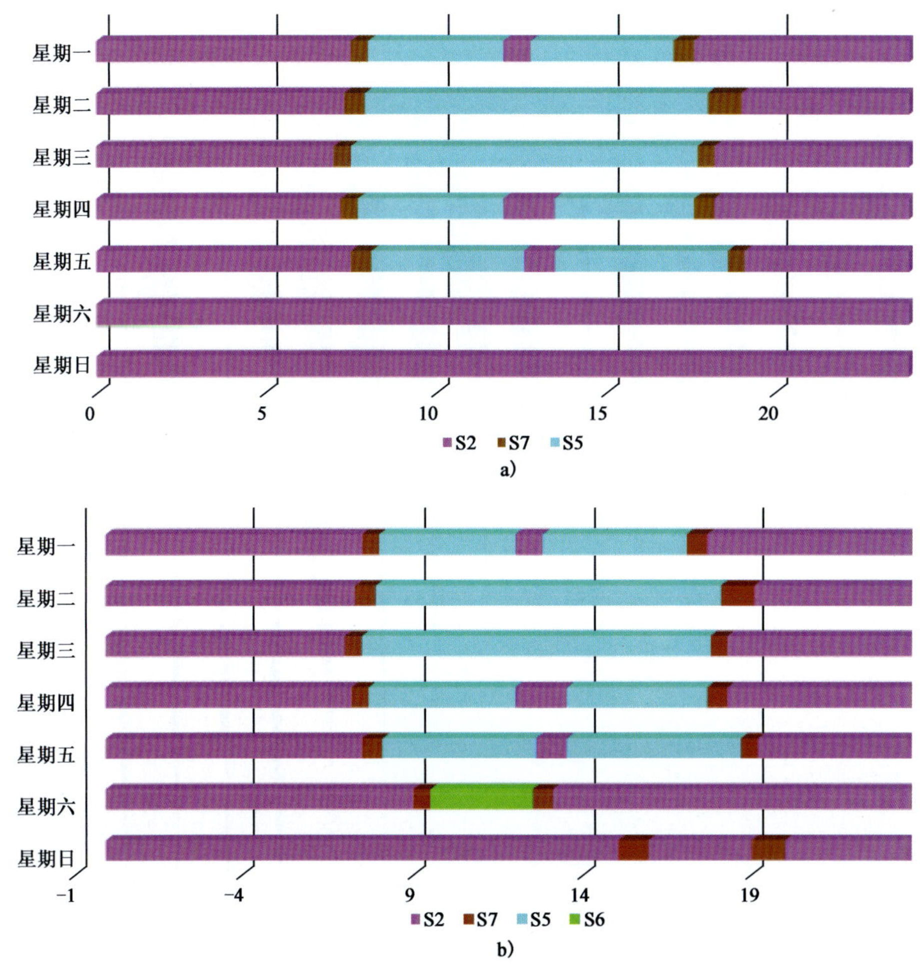

图 5-4　片区平均停留时间轴可视化

a）午休时间短时出行；b）休闲娱乐

第五节　平均出行距离频率分布条形图可视化

本节基于2015年8月13日~8月19日的北京市轨道交通出行数据，描绘了北京市各区轨道交通出行距离频率分布图，如图5-5所示。其中，横轴代表各大行政区，纵轴代表出行距离分段情况。每一列条形图代表每一个行政区的轨道交通出行距离的分布频率。最右侧列代表整个北京市的出行距离频率分布比例。本书采用16组条形图并排展示的可视化方式极大地展现16个行政区的出行距离频率分布形态，便于读者在有限的展示空间内直观快速地观察和对比不同行政区出行距离分布的异同之处。

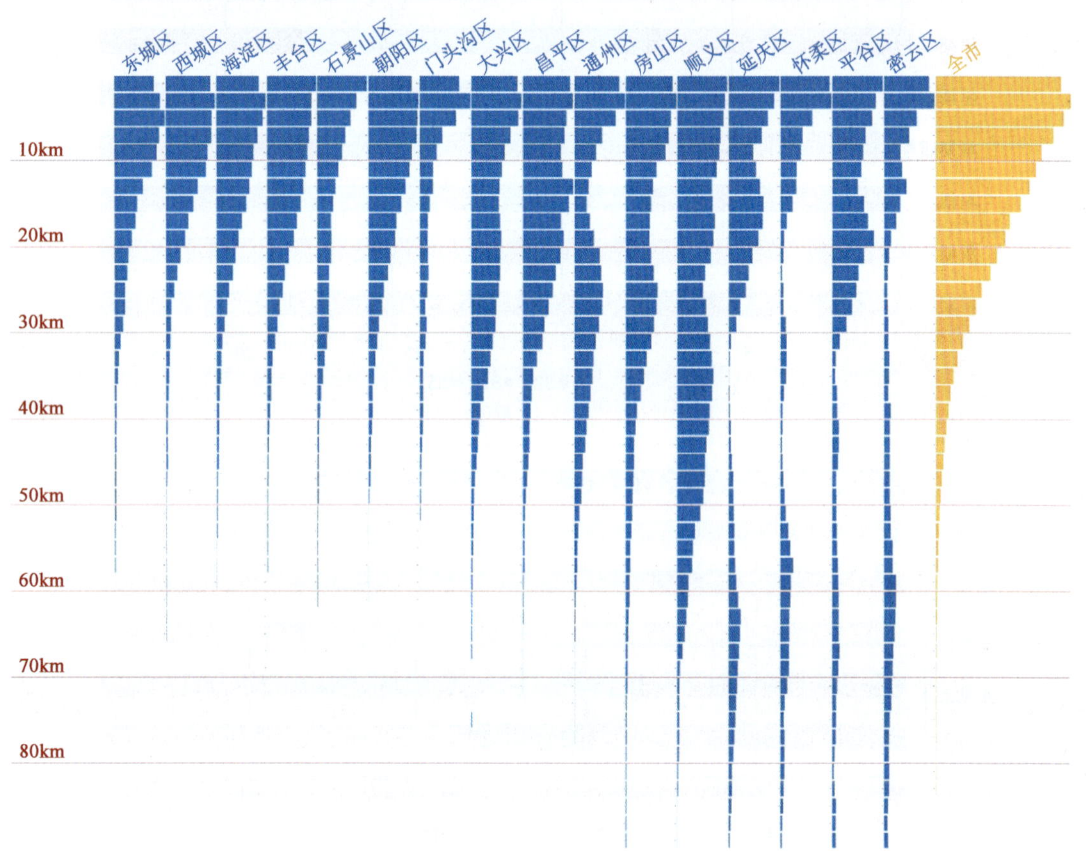

图5-5　轨道客流出行距离频率分布图

通过对图5-5的深入分析可知：

（1）西城区的平均轨道交通出行距离最短，为14.3km；密云区的平均出行距离最长，高达 31.7km。

（2）不同区的公交出行距离分布形态与该区通勤特性紧密相关。

（3）公交出行距离分布形态可分为单峰、双峰、多峰三类。以双峰为例，两个峰值通常表征了本地与跨区出行，出行距离分布越复杂则表征该区出行目的地越分散。

（4）城六区和门头沟区均为单峰分布；昌平区、通州区和房山区为典型双峰分布；其他区为多峰分布，尤其是延庆区、怀柔区、密云区、平谷区这 4 个远郊区县均高达 50 ~ 80km 的超长出行距离，区间亦有小峰值的存在。

第六节　平均出行时间分布可视化

一、平均出行时间频率分布折线形图

本节基于 2015 年 8 月 13 日至 8 月 19 日的北京市轨道交通出行数据，描述了北京市各区轨道交通出行时间频率分布图，如图 5-6 所示。横轴代表出行时间分段情况；纵轴代表每一个行政区的轨道交通出行时间的分布频率；折线颜色代表行政区类别。本节首先获取不同行政区的出行时间分布的两类“峰形”，并进一步采用折线图的方式展示各自出行时间分布频率形态，便于读者直观获取折线图中关键位置（如极值频率、最值频率、众数或中位数频率分布点等）和发展变化趋势（由高到低、由平稳到陡峭），同时能够快速掌握不同行政区出行时间频率分布的异同之处。

通过对图 5-6 的深入分析可知：

（1）北京市各行政区的公交出行时间分布可归纳为“双峰”和“单峰”两种类型。

（2）“双峰”分布行政区主要为向心长途通勤出行与就近通勤均较多的行政区，主要为郊区行政区，包括通州区、大兴区、房山区、顺义区，石景山区虽然属于城六区，但也呈现双峰分布。

（3）“单峰”分布行政区主要为就近通勤或长途通勤比例占据主导的行政

区，除石景山区外的城六区的出行时间均为“单峰”分布，远郊的密云区、怀柔区、延庆区、门头沟区由于距离中心城较远，本地出行占主导也呈“单峰”分布。

（4）昌平区是唯一一个由刚性出行占据主导地位而呈现“单峰”分布的行政区。

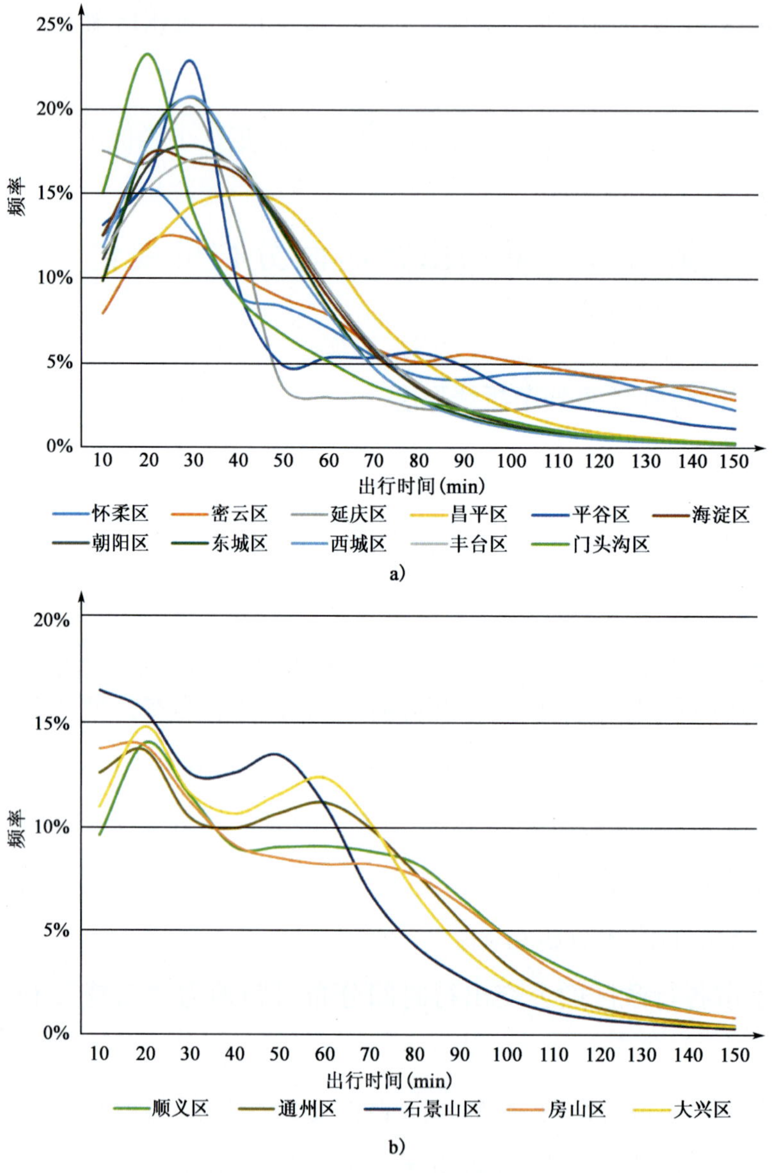

图 5-6　轨道客流出行时间频率分布图

a）“单峰”分布；b）“双峰”分布

二、平均出行时间空间分布热力图

采用空间热力图形式直观可视化出行时间或出行时间可靠性，在强大的颜色视觉冲击下让读者一目了然地把握各类行政区中出行时间或出行时间可靠性的空间分布形态。这类可视化形式符合人类对颜色的把握和认知，也能够极大地便于非专业人士轻易读懂图片呈现的内容。

本节基于2015年8月13日~8月19日北京市轨道交通出行数据，以热力图的展现形式，分别可视化了北京市轨道交通平均出行时间和出行可靠性的空间分布形态，如图5-7和图5-8所示。图中，颜色变化表示出行时间的长短分布或出行时间可靠性的波动情况。出行时间和出行时间标准差的单位均为min。其中，图5-7中，红色表示出行时间长，蓝色表示出行时间短，黄色所代表的出行时间居于红蓝两色之间。图5-8中，出行时间可靠性是用出行时间标准差的大小来衡量。红色表示出行时间标准差大，出行时间不可靠；蓝色表示出行时间标准差小，出行时间可靠；黄色所代表的出行时间可靠性居于红蓝两色之间。

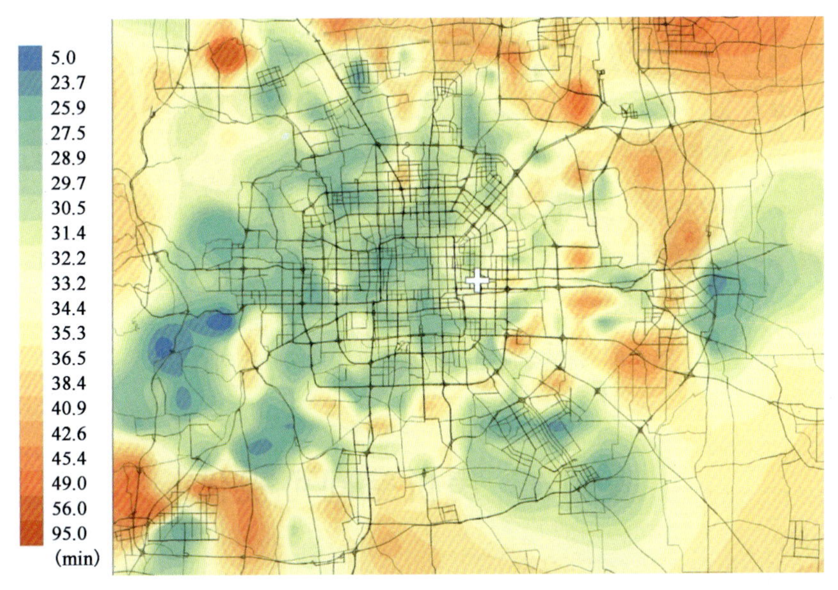

图5-7　轨道客流出行时间空间分布热力图

通过对图5-7和图5-8的深入分析可知：

(1) 门头沟区的平均轨道交通出行时间最短，为35min；密云区的平均轨道出行时间最长，高达63min。

（2）不同区的公交出行时间或可靠性分布形态与该区通勤特性紧密相关。

（3）城六区的出行时间大致介于40～45min之间。出行时间标准差介于5～23min之间，出行时间波动性较小，可靠性相对较高。

（4）昌平区、平谷区、大兴区、延庆区、通州区的平均出行时间大致介于48～50min之间。出行时间标准差介于24～27min之间，出行时间波动性和可靠性介于城六区和远郊区之间。

（5）房山区、顺义区、怀柔区这3个远郊区的平均出行时间均超过50min，大致介于52～60min之间。出行时间标准差介于28～35min之间，出行时间波动性较大，可靠性较低。

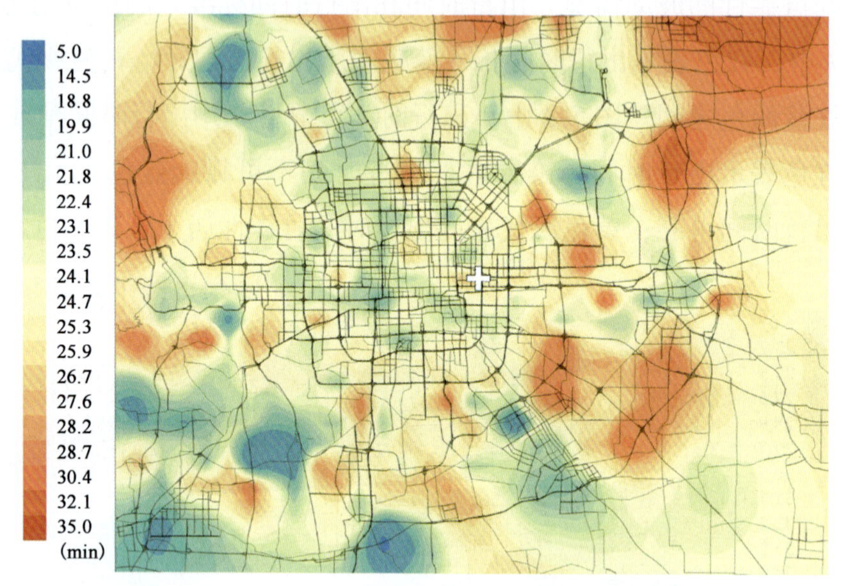

图5-8 轨道客流出行时间可靠性空间分布热力图

第七节 房价空间可视化

房价与房租价格具有很强的关联关系，而房价同时体现了一个区域的发展水平，以房租价格表征地铁引领的房价运动的空间热力分布图，如图5-9所示。图中，颜色变化展现了租房价格的波动情况。其中，红色表示房价高，绿色表示房价低，橘黄色所代表的房价居于红绿两色之间。在本章第三节已提及，热力图是超越了传统地图意义的一种新型的地图，其优势在于利用强大的颜色视觉冲击让读者一目了然地把握各类地理空间的房价波动情况。这类可视化形式符合人类对颜色的把握和认知，也能够极大地便于非专业人士轻易读懂图片呈现的内容。

通过对图 5-9 的深入分析，可得如下规律：

（1）规律 1：接近地铁站的房租通常较高，而接近换乘站的租金更高，新建地铁线、普通站升级为换乘站同理（如 2011—2012 年 10 号线西段、南段通车，2014—2015 年 14 号线二期）。

（2）规律 2：当途经某一区域的地铁线路延长后，该区域由于可达性、机动性均有所提高，租金也将上涨（如 2011—2012 年十号线北段）。

（3）规律 3：房租价格较地铁建设有一定的滞后性，约半年至一年（如 2011—2013 年 6 号线东段）。这种规律同样体现了地铁对城市发展的导向性，6 号线的一期与二期建设体现近年来北京向东部发展的导向性。

图 5-9　地铁引领的房价运动的空间热力分布图

第六章 城市轨道交通客流类别可视化

CHAPTER 6

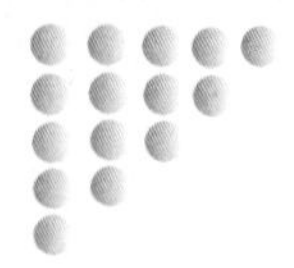

通过对轨道交通站点客流类别的可视化，可以从宏观角度观察轨道站点之间的客流群体变化规律。而在轨道交通的可视化过程中，仅仅观察站点客流变化，依旧无法获得乘客出行相关信息。迫切需要从乘客出行角度进行客流类别可视化。在第五章对轨道客流的出行特征分析的基础上，本章进一步对所涉及的出行特征进行聚类分析，获取轨道客流的出行类别，并可视化各类别移动模式。因此，本章将基于轨道客流的类别，从时间、空间及类别属性角度，可视化分析不同客流的多维移动模式。

第一节　相关研究综述

近年来诸多学者提出，个体移动模式因出行群体的不同而具有不同的时空出行特征，因此对轨道交通内个体移动模式类别的研究越来越多。研究方法分为直接法和间接法。直接法为直接基于轨道交通刷卡数据，对轨道客流的出行类别进行研究。间接法则参考用地性质吸引理论——不同的轨道站点用地性质将吸引不同出行目的的客流到达此类功能区，先研究轨道交通的站点功能性质，再间接研究轨道客流的出行类别。

传统的对轨道交通客流的划分方式多是基于出行时间的集中性，将轨道交通客流划分为早高峰出行、晚高峰出行及其他出行。这种划分方式往往未考虑个体的出行目的、出行路径、交通方式的选择等重要参数，无法契合真实的交通情况。近年来基于各种出行参数对轨道交通客流的聚类划分方式逐渐增多。研究者根据出行个体的社会属性或物理出行参数（如出行目的、出行 OD 矩阵、出行时间）等，得到更加广泛的分类结果。例如，Morency 等基于加拿大魁北克市某公交公司的智能卡数据，根据一卡通的类型和出行个体的家庭背景将出行个体聚类成 5 类，并具体研究每类出行个体的时空分布特征[40]。Lee 和 Hickman 根据自启发式规则算法和分类决策树，基于一卡通的卡片标识，将一卡通用户分为 3 种出行类别，即工作相关的客流、上学相关的客流及其他出行目的的客流[41]。Louail 等以居民出行的 OD 矩阵为研究对象，基于西班牙 37 个城市的手机信令数据，获取大量居住地及工作地的热点图，将出行轨迹划分为固定出行（从居住地到工作单位）、出行合流（从其他位置到工作单位）、出行分流（从居住地到其他位置）、随机出行（从其他位置到其他位置）4 类。研究发现：固定出行和随机出行的比重最大，且出行比重会随城市规模的扩大而上升[42]。Jiang 和 Liu 将出行 OD 链进行首/尾划分方法（head-tail division），将通勤出行数量分为 6 级，级别越高表示通勤出行数量越多[43]。陈团生利用北京市 2005 年居民出行调查数据，将通勤出行轨迹划分为出行简单链和出行复杂链[44]。龙瀛为了识别北京市域的主导通勤出行方向，将通勤出行分为极端出行和基于交通小区尺度上的通勤出行[45]。

Yuan 等学者基于个体移动模式语义信息和地方兴趣点语义信息，以研究北京市轨道站点的功能性质类别。研究最终将轨道站点功能区划分为 8 类，即外交/大使馆功能区、科学/教育/科技功能区、高档居民区、新兴居民区、老居民区、发达商业/娱乐区、新兴商业/娱乐区、旅游景点功能区。研究未进一步对轨道客流类别进行划分[46]。Kieu 等认为基于出行个体的分类方式不能准确反映个体的出行特征，因此运用经典的 DBSCAN 算法对公共交通站点进行聚类，挖掘各类站点中公共交通个体的出行轨迹的时空分布特征，最终将轨道客流划分为 4 类，即具有时空规律的通勤出行客流、具有固定出行 OD 的客流、具有固定出行时间的客流及时空无规律性的客流[47]。Kim 等学者研究了韩国首尔市地铁站点功能，并根据站点功能的不同将出行客流划分为 5 类，即仅以商业洽谈为目的的出行、商业娱乐类混合目的出行、商业生活类混合目的出行、生活娱乐类混合目的出行、仅生活类出行。这种划分方式仅关注了商业类出行、生活类出行及娱乐类出行，与实际多元化的出行目的不完全相符[48]。

综上，现有研究对轨道客流类别划分的研究普遍基于轨道刷卡数据进行聚类分析，较少从土地用地性质、站点功能吸引等角度，对轨道客流类别进行划分研究，也较少从可视化分析角度对上述结果进行可视化。因此本章将结合站点用地性质，结合轨道客流的移动特征和站点功能区性质，对轨道客流进行类别划分和可视化。

第二节　客流类别划分

一、客流类别判定分析

本章使用的数据源为 2013 年 6 月 1 日 ~ 6 月 30 日北京市轨道交通刷卡数据，其中刷卡数据中共包含 11 450 928 位行人。每位乘客包含多条出行记录，对每位乘客出行记录进行统计，提取乘客的出行特征，得到聚类向量。

基于 K-means 聚类的轨道客流类别划分步骤为：①进行数据分析及特征提取操作；②对特征集进行规范化处理，并将其作为 K-means 聚类算法的输入；③确定迭代误差最小时的最佳聚类数目，本书所得最佳聚类数目为 5 类；④对所有特征集进行聚类分析，最终得到 5 类轨道客流类别（标记为 C0 ~ C4）；⑤进一步从类别统计、空间分布、时间分布和时空分布等角度，可视化这 5 类轨道客流出行的基本性质。研究发现，不同轨道出行类别具有不同的时空出行规律。

（1）C0：弹性出行，例如非必要回家、个人事务、购物、探亲访友、休闲娱乐健身、外出就餐、陪同他人。

（2）C1：刚性出行，例如上班往返、上学往返、接送人往返。

（3）C2：长时低频进京出行，例如旅游、外地就医、探亲访友、公务外出、间歇性回家。

（4）C3：不定期长时户外出行，例如郊外出行、取送货物、外地就医、旅游、探亲访友、公务外出、间歇性回家、陪同旅游。

（5）C4：高频短时京内出行，例如快递、偷盗、扒窃行为等。

由于 C2 ~ C4 类客流出行在总体客流出行中所占比重均较小，因此统称为小众出行。

二、客流类别出行特征关联可视化

平行坐标系（parallel coordinates）是一种通用的高维数据可视化方法，可用来展示乘客在不同属性上的数值分布和不同属性之间的相关性[49]。它是多维数据可视化的重要方法之一，实现了多维数据在二维平面上的表示。利用平行坐标对数据进行分析处理的技术已经取得了很大的进展，如刷（Brushing）技术、交换坐标轴、抽象等。这些分析技术已经广泛地应用到数据挖掘的很多领域，尤其在聚类分析中，平行坐标对数据集的定性分析使聚类结果的合理性得到证明。

本节基于 2013 年 6 月 1 日 ~6 月 30 日北京市轨道交通刷卡数据，以平行坐标系的表现形式描述了 5 类轨道客流类别在各特征指标的属性，如图 6-1 所示。图中，每一条折线表示每一位移动个体的 9 维特征属性集。这里，9 类特征分别为平均出行时间、最大出行时间、最小出行时间、平均每天出行次数、最大出行次数、最小出行次数、最大固定天数及最小固定天数。每一条纵坐标分别表示一维属性，且纵坐标数值为某属性的具体数值分布。为避免大量折线堆叠造成信息混淆或视觉混乱现象，只从每一类客流出行类别中随机选取 3 000 人的出行特征进行可视化分析。该平行坐标系图能够有效展示不同轨道客流下高维特征指标的聚集和关联分布效果，便于读者从海量高维属性集中快速获取高度凝练的隐含信息，如轨道客流出行类别总数，或各类出行下的特征分布差异性等。

通过对图 6-1 的深入分析可知：

（1）C0 类出行的单次出行次数和总体出行次数均很少，每天的出行次数分布不集中，没有明显规律；其他属性数值，如出行时间等，均很小且没有明显规律分布。

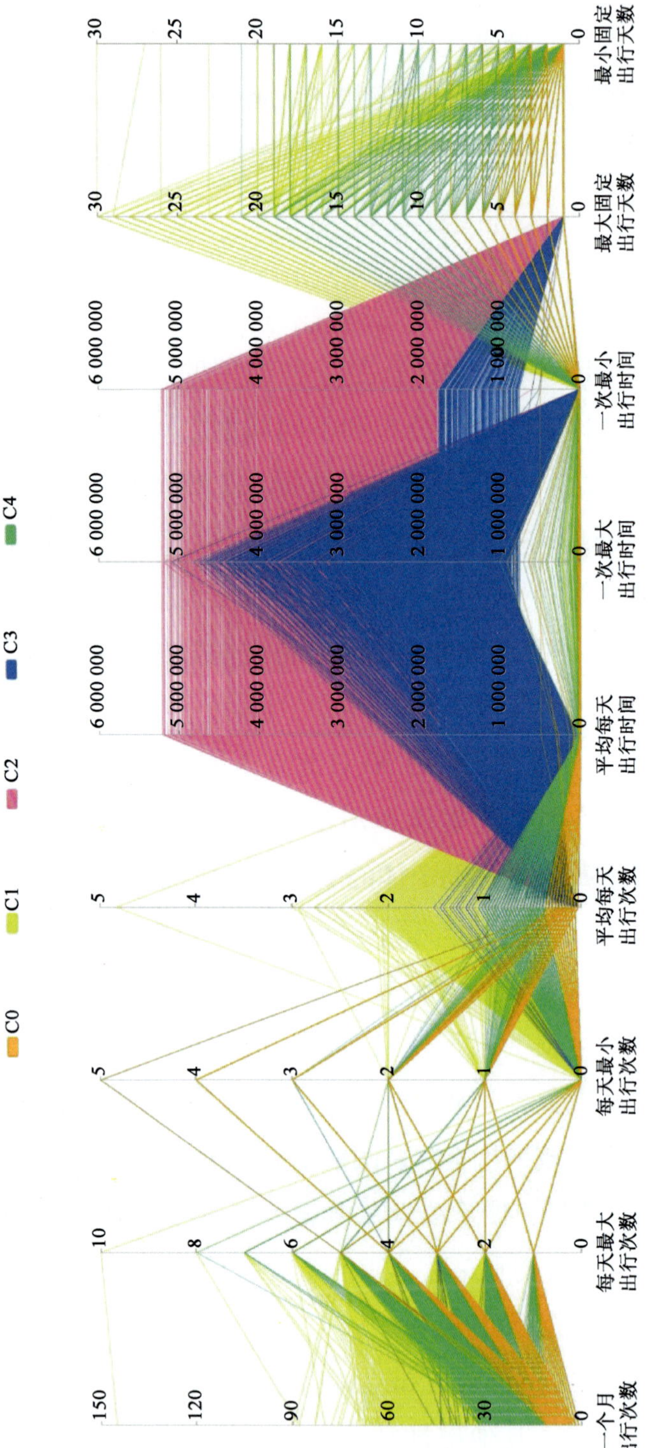

图6-1 轨道交通各类客流出行特征指标分布的平行坐标系

（2）C1 类出行的主要特征是出行次数固定，每天出行次数分布集中，固定出行次数较多。

（3）其余 3 类出行在出行时间分布和出行次数分布上均异于上述两类出行。各类别中主要出行特征参数的分布，如出行次数、停留时间和出行距离等，均各具特点，可分别反映某一类少量群体的出行特征，所以这三类出行被分别视为三类异质的小众出行类别。

（4）C2 类出行的特征就是出行时间长，平均每天出行时间、一次最大出行时间、一次最小出行时间均很长。

（5）C3 类出行则只在最大出行时间上比较长，平均每天出行时间比较短，出行次数较少，刚性出行天数基本为 1 天。

（6）C4 类出行的平均出行次数较多，但是单次出行时间很短，部分乘客刚性出行次数部分较多，但是相比刚性出行乘客较少。

第三节　轨道交通客流类别比例分布可视化

一、客流各类别比例总体分布可视化

柱状图（Bar Chart）是最常见、最容易绘制，且最容易解读的图表之一。它适用且仅适用于低维数据集，常用于描述统计量的频数分布。肉眼对高度差异的敏感性使得这类图形的辨识效果非常好，但是柱状图无法处理高维海量数据。

本节以柱状图的形式，描述了轨道各类客流类别占总体客流出行的比例分布，如图 6-2 所示。其中，横轴是轨道各客流类别，纵轴是比例数值。该柱状图通过柱子的高矮差异形象反映不同客流类别出行比例的大小，直观展示各类出行比重的差异性，极大便利读者比较不同客流出行类别的比例。

通过对图 6-2 的深入分析可知：

（1）C0 和 C1 这两类轨道客流类别的出行总量占总体客流出行总量的 83.92%，可称为大众出行。

（2）C2～C4 这三类客流出行占总体客流出行的比例分别为 2.40%、4.18% 及 9.50%，均小于 10%。且这三者的累计出行比例也只有 16.08%，可称为小众出行。

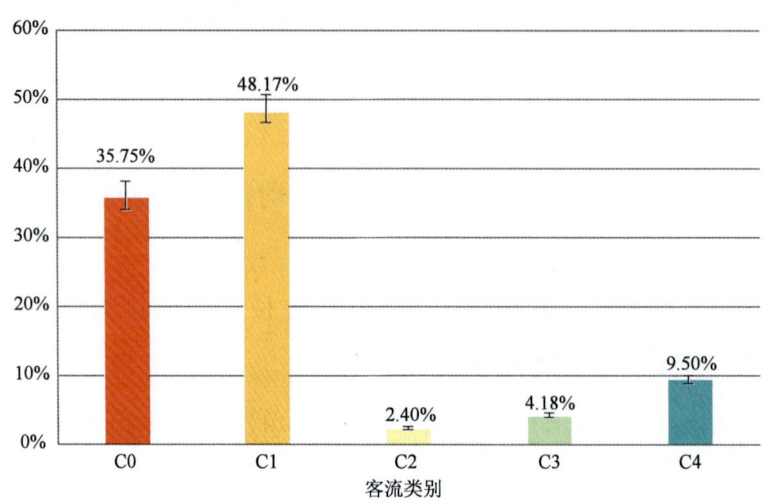

图 6-2 轨道各类客流类别占总体客流出行的比例分布

（3）C1 客流出行比例最大，占总体客流出行比例的 48.17%，比例标准差波动最大。C2 客流出行比例最小，只占总体客流出行比例的 2.40%，比例标准差波动最小。

二、基于站点功能区的客流类别比例分布可视化

本节采用多维柱图的形式，描述了 5 类轨道客流类别（C0～C4）在 8 类站点功能区（S0～S7）的客流比例分布，如图 6-3 所示。图中，每一列柱图代表一类轨道出行类别。每列柱图由 8 种不同颜色分块拼接而成，代表每一类轨道客流在 8 种不同的站点功能区的分布比例。该柱状图通过柱子的高矮差异形象反映不同客流类别在不同功能区的比例分布，直观展示各类出行比重的差异性，帮助读者快速直观地从横向、纵向、横纵两向等多方位、多角度地分析轨道各类客流在各类站点功能区的分布情况。

通过对图 6-3 的深入分析可知：

（1）横纵两向比较各类客流在各类站点功能区的分布情况可知：轨道各类客流类别在 8 类站点功能区下的客流分布总体差别较小。这是由于居民一般根

据最短路径的原则和功能区可替代原则到达各类站点功能区。而站点功能区在全市的分布比较均匀，因此，轨道各类客流类别在各类站点功能区的分布一般比较均匀，不会出现显著差异。

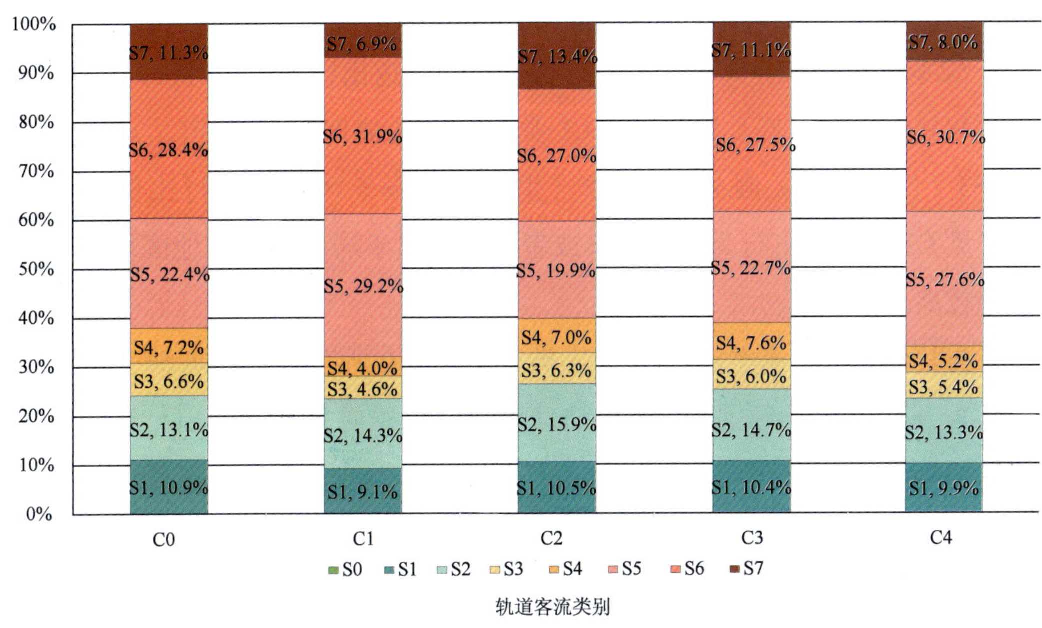

图 6-3 轨道各客流类别在各站点功能区的比例分布图

（2）横向比较不同轨道客流在同一站点功能区的比例分布，可知：S6（教育医疗服务区）客流比例介于 27.0% ~30.7% 之间，而 S5（商业办公服务区）的客流比例介于 19.9% ~27.6% 之间。换言之，教育医疗服务区和商业办公服务区吸引了近半数的（实际比例为介于 46.9% ~58.3% 之间），且具有不同出行类别的轨道客流。可见，这两类站点功能区的基础设施配备完善，站点周边区域综合开发强度大，且站点的辅助配套功能，如生活服务、休闲娱乐、交通出行等，也相对健全，故 S6 和 S5 类功能区的客流吸引力最强，到达客流种类最全。

（3）纵向比较每类轨道出行客流在各站点功能区的客流比例分布可知：

①与其他轨道客流类别相比，C0 类客流到达各个站点功能区的总体比例都相对较高，但到达 S2（生活休闲服务区）的比例最少，仅为 13.1%，可见 C0 类客流目的出行比较随机，与居住区相关的出行比重相对较少。C0 类为单趟出行的概率较高。

②与其他轨道客流类别相比，C1 类客流在功能区 S2（生活休闲服务区）、S5（商业办公服务区）和 S6（教育医疗服务区）的出行比例均属最高或次高。但到达功能区 S3（汽车站相关服务区）、S4（旅游休闲服务区）的客流比例均为最少，可见 C1 类客流出行的目的比较单一，经常往返于 S2 区与 S5 区，或者往返于 S2 区与 S6 区，C1 类为与居住区相关的往返出行比例相对较高。

③与其他轨道客流类别相比，C2 类乘客在功能区 S7（轨道站点相关服务区）、S3（汽车站相关服务区）、S2（生活休闲服务区）的出行比例均达到最高。可见 C2 类客流出行为乘坐火车或者汽车往返于居住区与其他区域的往返出行概率较高。

④与其他轨道客流类别相比，C3 类客流几乎在所有功能区如 S4（旅游休闲服务区）、S1（机场相关服务区）、S3（汽车站相关服务区）的出行比例都相对较高，与 C0 类出行性质比较类似，但是这类出行的比例远小于 C0 类出行的比例。

⑤与其他轨道客流类别相比，C4 类客流在功能区 S2（生活休闲服务区）、S5（商业办公服务区）、S6（教育医疗服务区）的出行比例仅次于 C1 类出行，但出行比例却远小于 C1 类出行，可见这类出行的出行目的并非是常规的上班或上学类出行。

三、客流出行类别频率分布可视化

本节采用嵌套饼图的形式，描述了轨道各类客流类别 1 周内的累计出行次数的总体分布情况，如图 6-4 所示。图中，内层饼图为轨道各类客流类别的比例分布情况；外层饼图为某一特定轨道客流类别下的 1 周内的平均出行次数的占比情况。同时，为更好呈现各客流类别下出行频次的显著性差异，本节将第五章第三节提出的 5 个出行频段嵌套于客流出行类别中。该饼图通过各块“圆环饼”的面积差异，形象反映出：①不同客流类别出行比例的大小；②各客流类别下各类出行频段在比重上的显著性差异。

通过对图 6-4 的深入分析可知：

（1）从内层饼图中，可清晰观察到客流类别的“最值”比重，即

①C1 和 C0 这两类轨道客流类别的出行总量占总体客流出行比重高达 83.92%，比重最大，结果同于本章上一节中的结论。

②C1 客流出行比重最大，占总体客流出行比例的 48.17%。C2 类客流出行比例最小，只占总体客流出行比例的 2.40%。

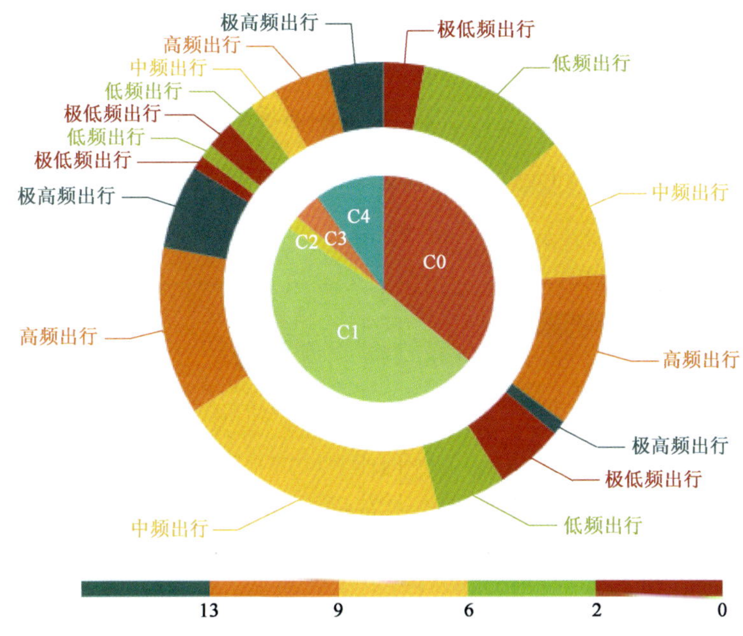

图 6-4　轨道各类客流出行频段比重分布嵌套饼图

（2）从外层饼图中，可清晰观察到各客流类别下出行频次子段的“最值”比重。

①C0 类出行中，各出行频段的比重较为均匀地落于低频出行、中频出行、高频出行之间，其他频段的比重相对较低。可见，这类出行的随机性和弹性较强，出行群体多样，出行起点或终点也均比较多元。

②C1 类和 C4 出行中，中频出行、高频出行和极高频出行的累计比重占整体出行频段的比重均达到最高，前者高达 95%，后者高达 80%。相似的是，这两类出行的其他频段的比重都相对较低。可见，这类出行的固定性较强，出行群体为有固定或不固定工作的中青年群体，但也有可能是混杂在工作群体中的异常出行群体，如轨道上的扒窃、偷盗分子。

③C2 和 C3 类出行中，各出行频段的比重均以较大比重落于低频出行和极

低频出行之间，其他频段的比重相对较低。可见，这两类出行的出行次数较少，出行的随机性和弹性较强。

四、客流类别时空分布可视化

为了更清晰地比较乘客类别与站点分类在时间上的联系，选取每一类乘客，分析其在不同时间点前往各主题站点的人流量，本节选取了 2013 年 6 月 4 日（工作日）的出行记录进行可视化，得到如图 6-5 所示各类乘客的热力图。由图可知，各类乘客除出行目的是 S0 飞机场的没有明显早晚高峰外，其余时间都存在明显的早晚高峰。

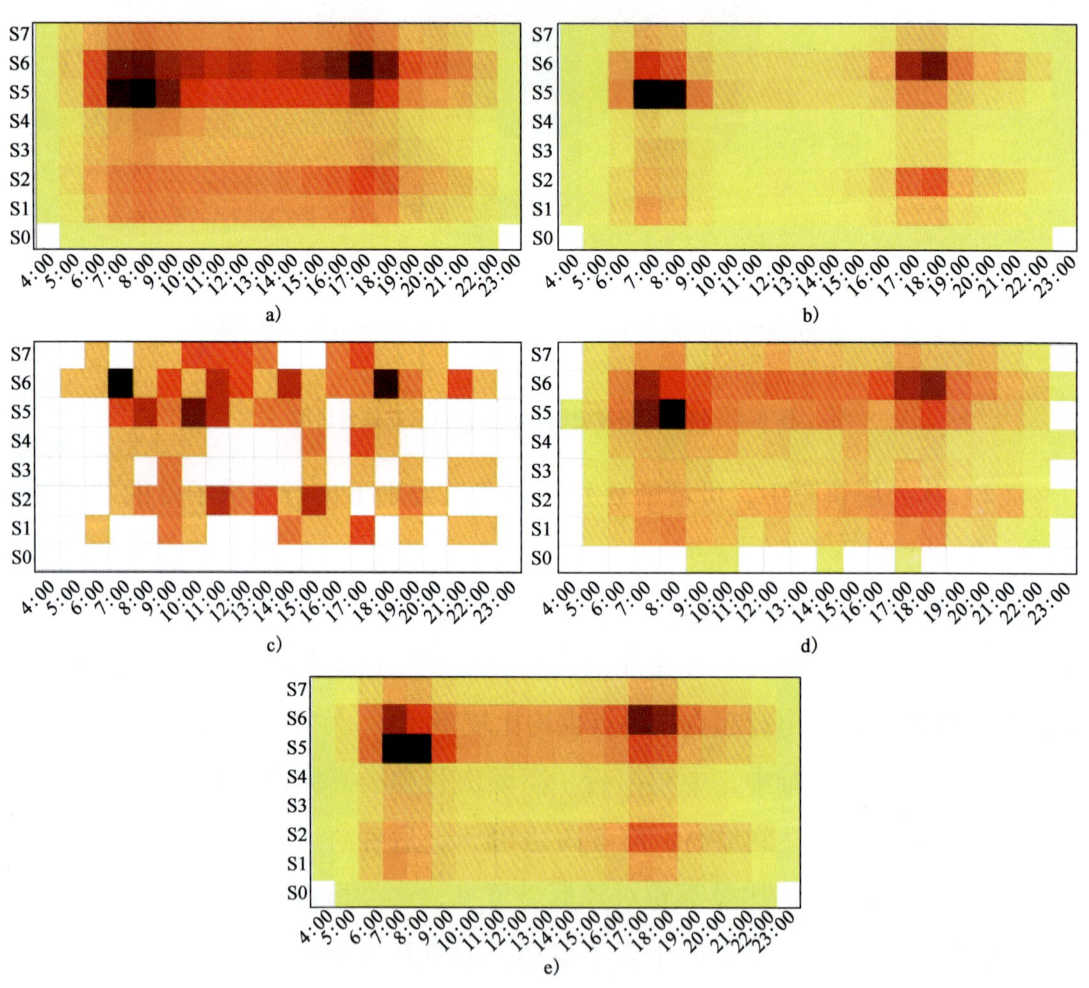

图 6-5 轨道客流类别时空分布热力图

通过对图6-5的深入分析，可知：

（1）图6-5a）中是C0类出行。这类出行在以S5和S6为出行目的一天中出行流量持续较大，其他类出行目的的乘客也较多，主要由于随机出行乘客分布在人数较多的站点，除早晚高峰明显外没有明确的出行时间规律。

（2）图6-5b）是C1类出行。这类出行主要在早晚高峰出现在S1、S2、S5和S6类站点，出行时间上可以确定此类乘客主要为通勤出行乘客。

（3）图6-5c）为C2类出行。此类出行属异常出行，因此出行在时间上和空间上分布不规律，没有明显的早晚高峰，且出行目的除了一般的生活服务类站点外，还在火车站、汽车站分布较多。

（4）图6-5d）为C3类出行，在旅游景点分布较多，但没有明显的时间规律。

（5）图6-5e）为C4类出行，这类出行在出行时间上有明显的早晚高峰，但与固定出行乘客相比，其在一天中的其他时间出行量也较大。

五、各轨道出行流量分布和弦图

考虑到轨道客流往返于各个固定站点之间，因此采用和弦图的形式，从站点角度展示轨道各类客流在不同站点的空间变化情况，如图6-6所示。由于小众出行中各子类的数据量较小，本节将其视为一类，故归纳为三大客流出行类别，即弹性出行、刚性出行和小众出行，并分别设置4种场景，记为图6-6a）~图6-6d），以展示不同轨道客流类别在不同站点的空间变化情况。图6-6中绿色表示弹性出行，红色表示刚性出行，黄色表示小众出行。可见，和弦图更加注重站点的排版布局、视图的灵活交互，因此更易直观呈现出布局美观、交互自由、关系复杂、视觉复杂度高、可扩展性好的复杂站点关联效果。

通过对图6-6的分析可知：

（1）图6-6a）选取各大客流类别中排名前15的轨道交通站点，并展示这些站点中三类轨道客流类别的流量变化情况。可见，西直门站的刚性出行乘客较多，东直门站的异常出行乘客较多。

（2）图6-6b）在图6-6a）的基础上，仅选取西直门站为首发站进行客流空间变化分析。可见，从该站点出发的弹性出行、刚性出行和小众出行的比例均等，且终点为东直门、北京南站、国贸、大望路、西单的小众出行比例高于到达这些站的其他类型比例，说明上述轨道分段为异常出行的高发段。

（3）图6-6c）在图6-6a）的基础上，仅选取刚性出行和小众出行进行客流空间变化分析。图6-6d）在图6-6a）的基础上，仅选取前6个站点进行客流空间变化分析。

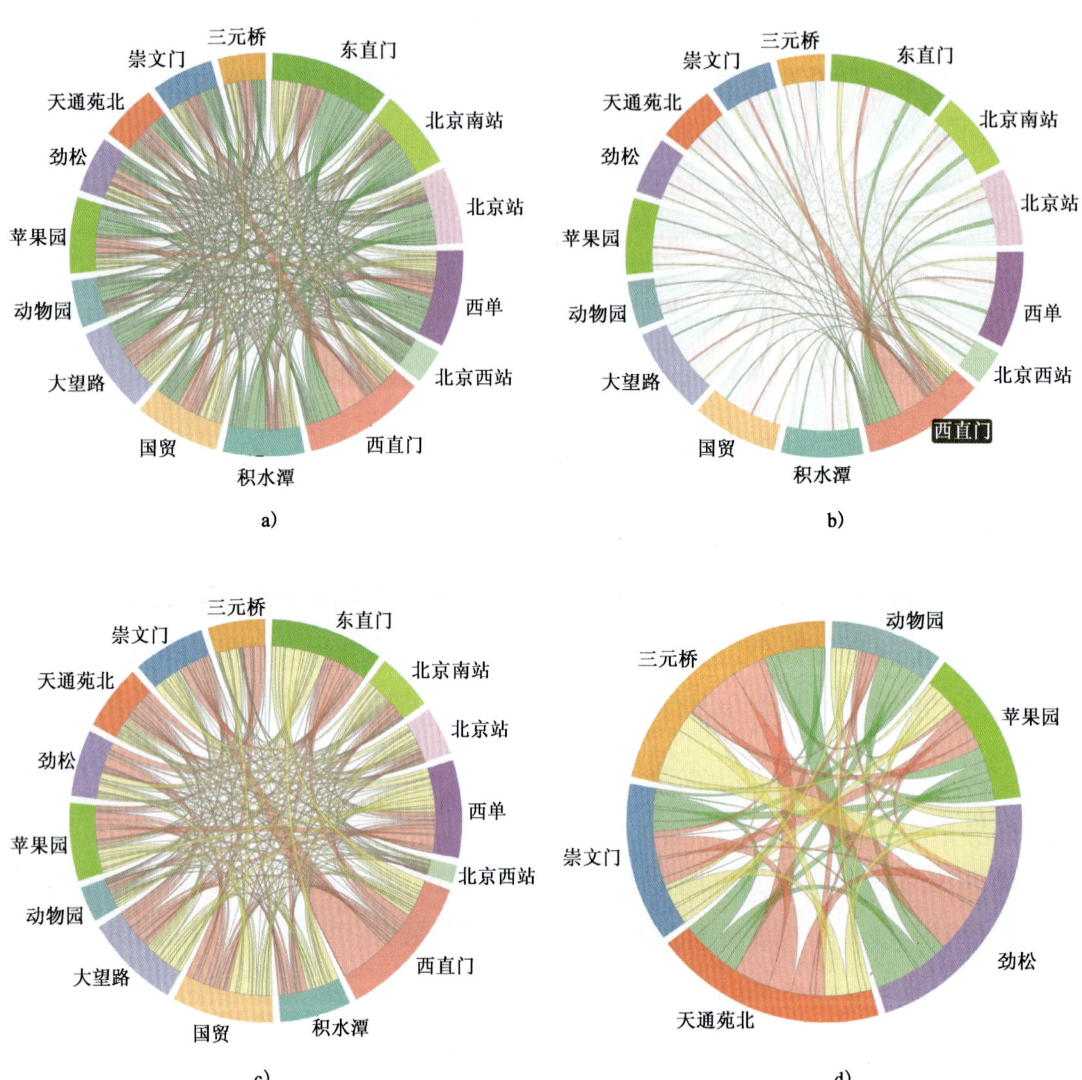

图6-6 基于站点的各类轨道出行的流量分布和弦图

a）15个站点3类客流；b）西直门站；c）15个站点两类客流；d）6个站点三类客流

第四节 基于时间维度的客流类别分布可视化

一、客流类别时间分布极坐标图

本节基于2013年6月1日，采用极坐标的表现形式，从时间角度分析1天内（4：30～23：30这19h内），轨道客流类别的时变特性，如图6-7所示。其中，圆形外圈表示时间，以10min为间隔，分别量化了4：30～23：30的乘客出站流量。乘客出站流量用围绕圆心的柱状图表示。柱状颜色表示不同类别客流量，柱形长度表示客流量大小。其中，黄色表示弹性出行，蓝色表示刚性出行，粉色表示小众出行。

图6-7的分析结果与图6-2一样，因此不再赘述。

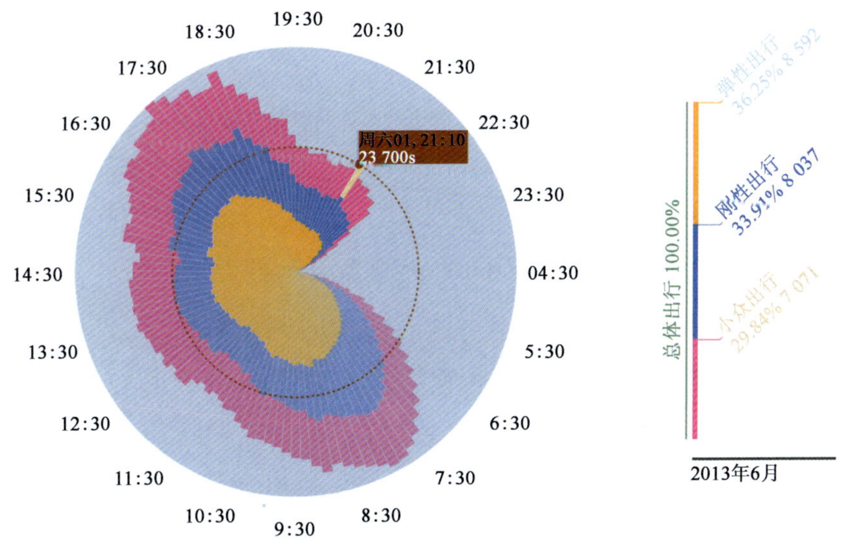

图6-7 客流类别时间分布极坐标图

二、轨道典型客流的出行时变特性分布像素图

通过之前的分析可知，小众出行是需要重点关注的出行行为，其中隐匿了诸如扒窃、卖艺、乞讨等异常出行行为的分布规律。基于此，本节选取北京市轨道交通中的两类典型轨道客流——通勤出行客流和疑似异常出行客流，以像素图的形式，可视化其时空分布变化特性，如图6-8所示。像素图是以单个像素

点（1pixel）为单位，通过规律、巧妙的组合排列，所绘制的新型可视化图。像素图的风格由它自身的特点来决定，正像“色彩构成”中用色块拼图一样，通过必要的细节忽略而突出表征主要特征。图中，横轴代表时间（以小时为单位），纵轴代表第几个人。颜色代表乘客在公共交通中的状态，黄色表示出行规律，蓝色表示出行不规律。从黄色到蓝色的颜色渐变反映出行规律性的变化状态。

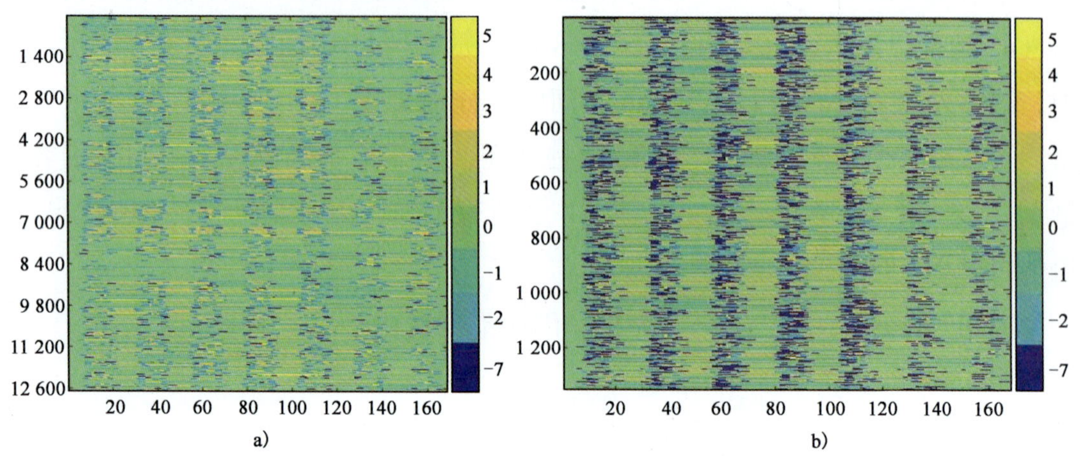

图 6-8　轨道典型客流的出行时变特性分布像素图

a）通勤出行的轨道客流；b）疑似异常出行的轨道客流

通过对图 6-8 的分析可知：

（1）两图分别代表两类截然不同的轨道客流出行类型。

（2）图 6-8a）的轨道客流基本每天有两个时间段在乘坐公共交通工具，两个时间段的时间间隔约为 8h，并且每次乘坐交通工具的时间较短，认为这类客流属于拥有固定工作的通勤出行客流。

（3）图 6-8b）的这类轨道客流基本白天大部分时间都在乘坐公共交通工具，并且周末的轨道客流量骤减，怀疑这类乘客可能没有固定职业或处于待业状态，属于疑似异常出行客流。

第五节　轨道交通客流类别的空间分布可视化

聚类得到的 5 类轨道客流类别实际反映了轨道出行的三大类人群，即弹性出行、刚性出行和小众出行，他们在时间和空间上都存在各自不同的分布规律[50]。因此，本节将进一步分析每类客流类别的空间分布可视化结果，如图6-9所示。图中，圆的大小表示轨道客流量大小，圆越大则客流量越大。圆的颜色表示进站、出站流向。粉色表示进站流向，黄色表示出站流向，绿色表示进出站流向的客流差值。为了更清楚地观察轨道各站点流量，仅提取出行流量排名前 15 的轨道交通站点进行空间分布可视化分析。

图 6-9 的可视化方式非常适用于在有限的图片空间内对轨道多维度的关键信息进行突出展示，例如对站点相关信息（如站点所处地理位置、站点分布密集区域等）进行突出展示；或对流量相关信息（如客流量最值、客流量差异最值等）进行突出展示。这样能够便于任何读者在极短时间内快速抓取图中重点。但是不适合读者掌握圆圈的面积大小，因为肉眼对面积的敏感性不强。

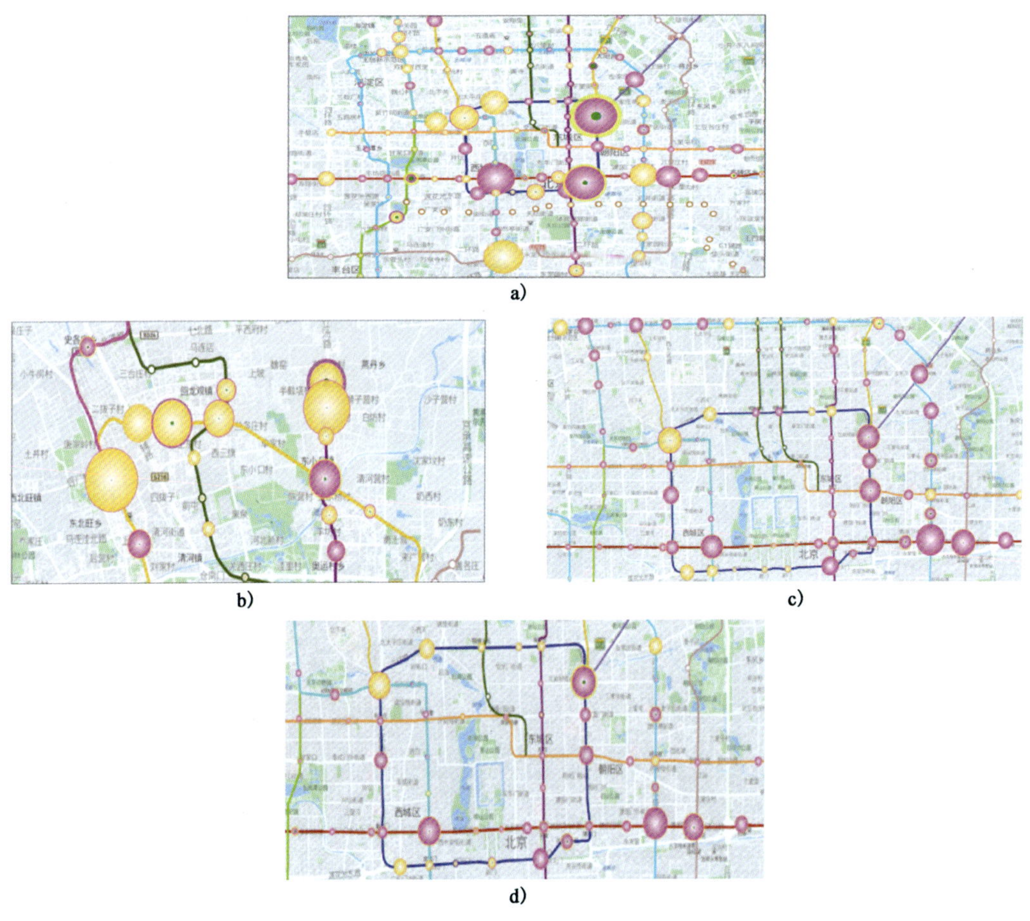

a)　b)　c)　d)

图　6-9

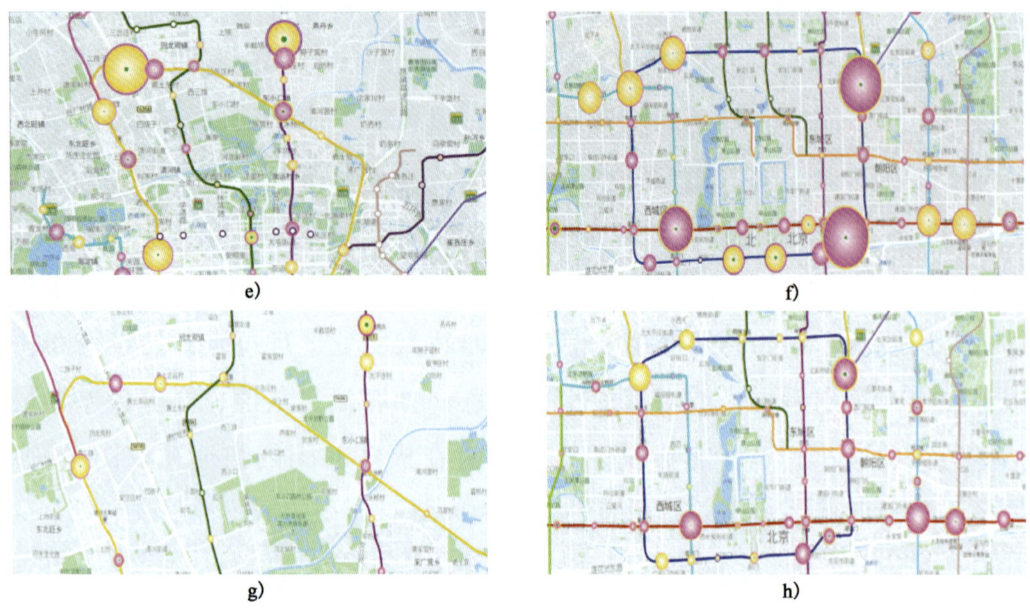

图 6-9 各类轨道客流量类别的空间站点分布

通过对图 6-9 的深入分析可知：

（1）图 6-9a）展示的是弹性出行的站点分布情况。由图可知，这类人群每个月出行次数不固定，但普遍较少，基本没有刚性出行，也没有明显的规律，其出行分布地点分布较为散乱，主要集中于三环以内几个火车站和人流量较大的换乘站点，这些站点都是北京市重要的轨道交通枢纽站点。因此弹性出行行人的空间分布符合北京市轨道交通出行规律，没有特殊性。

（2）图 6-9b）和图 6-9c）展示的是刚性出行的站点分布情况。由图可知，这类人群刚性出行次数较多，基本为刚性出行人群，人群分布较多的站点基本集中在住宅区、商业区、换乘站和办公集中地点，如国贸、西二旗、天通苑等，这些站点分布遍布北京六环以内。其中西二旗为北京市早晚高峰最拥堵的站点之一，该站点是 13 号线和昌平线的换乘站，周边是高科技园区，有较多的上班族从该站点进出，为刚性出行人流量最大站点。而人流量仅次于西二旗的国贸站作为北京的 CBD，是商务活动集中区，各大金融机构集中于此，同时国贸站还是 1 号线和 10 号线的换乘站。另外，天通苑、回龙观等则为北京市大批住宅小区集中地，也是上班族经常进出的站点。由此可见，刚性出行主要人群为上班族，进出站分别各大住宅区和办公区。

（3）图6-9d）展示的是长时低频进京流的站点分布情况。由图可知，该类出行的出行次数极少，出行时间较长，人数较少。这部分行人是地铁出行中较为异常的少部分人，他们每个月的出行次数较少且单次出行时间较长。这类行人出行站点集中于各大火车站，如北京站、北京西站、北京南站和北京北站，一般是乘坐火车离开或者到达北京的行人。其中进出火车站周边站点的行人进站人数均高于出站人数，可以看出这部分人群中乘坐火车到达北京的行人选择地铁作为交通工具的概率相对较高。另外，人流量较高的站点还有东直门、积水潭、前门、动物园等，这些站点周边分布着北京市一些景点和较为有名的医院。因此，从图中可以看出这类人群集中在四环以内，单次出行时间均较长，由此可见这部分人群较多为外地来京的人群，他们的活动多为游玩和就诊。

（4）图6-9e）和图6-9f）展示的是不定期长时户外出行的站点分布情况。由图可知，这类客流刚性出行次数很少，单次出行时间较长。出行分布范围较大，进出站点距离较远，所以单次出行时间较长。其中人流量最大的站点集中在几大换乘站，也在一定程度上反映了地铁人流量分布规律。另外还有龙泽、天通苑等住宅区，这些站点都分布在六环左右，距离市区其他站点较远。

（5）图6-9g）和图6-9h）展示的是高频短时京内出行的站点分布情况。由图可知，这类客流总出行次数较多，出行时间很短，刚性出行次数居中。这部分乘客出行分布主要集中在1号线、2号线和10号线，出行一般在四环以内，所以基本为短距离出行，乘坐轨道交通出行时间较短，反映了市区中心的短距离出行人群。

第六节　轨道交通通勤出行可视化分析

刚性出行中，有较大比例属于通勤出行客流。本节基于通勤出行时间，对刚性出行中的通勤出行客流进行判别，并对其出行模式进行特征可视化。

一、通勤出行判别

轨道交通的运营具有定线定站的特征，且城市居民出行一般具有规律性，所以地铁乘客出行在线路和时间上具有一定的规律性和稳定性。由通勤出行定义可知，根据一卡通卡号统计一个固定时间段内刷卡次数 N，一般认为 N 较大的乘客为通勤乘客，根据时间段的选取不同，适当选取 N 值[51]。对于通勤乘客而言，其出行的最大特点是出行时间和出行空间分布相对集中。地铁通勤出行乘客具有以下特点：

（1）通勤出行往返性：在一般情况下，乘客每日以通勤为目的的出行有两次，且第一次的到达站点和第二次的出发站点相同，而第一次的出发站点和第二次的到达站点可能不同，例如下班后去往不同的目的地后辗转回家。

（2）出行时间规律性：乘客每日的通勤出行时间具有相似性，在多日刷卡记录中，通勤出行的进出站时间波动较小。

（3）地铁出行固定性：通勤属于长期的行为活动，受出行的时间和距离限制，乘坐地铁的通勤者在交通工具的选择上一般具有固定性，大部分时间均选择具有相同目的地的地铁通勤出行。但是，在交通服务便利水平较高的区域，可能存在多条线路均满足同一出行者的出行需求，因此，通勤者可能偶尔选择其他交通方式出行。

根据过往的研究成果，通勤乘客占早晚高峰出行的比例高达60%，虽然有一些通勤出行者如轮班制工作者等出行时间变化较大，但只要通过长时间的数据积累，就能找到其出行时间规律[51]。一般地，地铁乘客只有在工作日的出行时间上具有明显的早晚高峰规律，因此选择2013年6月1日~6月30日工作日数据进行单独研究，共19个工作日，7 850多万条数据。乘客通勤出行识别过程如下：

（1）根据通勤出行的时间特征，乘客在出行时间上具有相似性。利用基于DBSCAN的单一乘客固定出行聚类方法，对工作日出行记录进行时间聚类，得到每位乘客的多条固定出行记录。

（2）2013年6月共有19个工作日，由本节通勤出行定义可知，划定通勤出行需要选取适当的出行次数作为标准，公共交通上一般按照每周工作日三天以上判定通勤出行，但是本书研究的仅仅为轨道交通通勤出行，相对固定但又不排除交通工具选择的差异性，因此，选择固定出行天数在10天以上（一个月数据）的乘客出行作为通勤出行记录，得到142万通勤乘客出行记录，大约占每个工作日出行人次的70%，该比例符合过往研究成果。

（3）分析得到的固定出行记录，根据每位乘客一个月内通勤出行次数可以得表6-1，由于交通工具选择的多样性，地铁乘客通勤次数为一次的可能是由于上下班选择不同的交通工具。根据通勤的往返性特征，选择通勤出行次数两次的做进一步研究。

通勤乘客统计表 表6-1

出行次数	人数	出行次数	人数
1	512 106	4	579
2	490 644	5	2
3	1 276	6	3

二、通勤出行模式划分

通勤出行乘客在出行时间上具有明显的峰值，因此，本书从出行时间角度研究通勤乘客的出行规律，根据通勤时间对通勤出行模式进行划分。在通勤出行时间的研究中，首先要对地铁客流时间段进行划分，即根据通勤乘客出行时间进行时间段划分，再利用划分好的时间段对出行模式进行分类。

1. 通勤出行时间段划分

北京市交通委、北京市轨道交通指挥中心根据乘客出行规律和早晚高峰的特点将客流划分为5类，分别为早高峰、上午、中午、晚高峰和深夜。为了更加精确地对通勤乘客出行时间进行研究，本书将通勤乘客出行时间划分成7段，采用K-means算法对通勤乘客进站时间进行聚类，得到表6-2。

通勤出行时间段划分 表6-2

类别	开始时间	结束时间	人数	百分比
1	4:38	7:24	234 928	15.67%
2	7:24	8:26	444 571	29.65%
3	8:26	10:49	203 581	13.58%
4	10:49	14:59	14 553	0.97%
5	14:59	17:57	226 783	15.12%
6	17:57	19:37	303 951	20.27%
7	19:37	23:52	71 199	4.75%

从表6-2可以看出，通勤出行人流量在第2个和第6个时间段明显高于其他时间段，时间上对应早晚高峰，与交通中通常给出的早晚高峰时间段划分吻合，而一般公司企业上下班时间也集中于这两个时间段，可以看作是正常的上下班出行时间。

2. 乘客出行模式分类

对通勤乘客中出行次数为两次的乘客进行单独研究，由于这部分乘客在出行时间、出行站点上都符合通勤规律，将一日两次的通勤出行看作上下班出行。根据上述通勤出行时间段划分结果，将这部分通勤乘客的上下班往返时间划分到7个时间段中，如表6-3所示，根据交通上的出行规律及日常生活常识定义5种出行模式：

通勤出行模式划分 表6-3

编号	出行模式	出发时间	返回时间	人数
1	正常出行	7:24~10:49	14:59~19:37	145 145
2	早出晚归	4:38~7:24	19:37~23:52	25 226
3	早出早归	4:38~7:24	14:59~19:37	61 884
4	晚出晚归	7:24~10:49	19:37~23:52	22 962
5	出行时间灵活	其他		235 387

（1）正常出行：这类通勤者出行时间分布在早晚高峰时间段内，符合一般企业标准工作模式，且人数较多，由此可见正常早晚高峰通勤出行乘客较多。

（2）早出晚归：此类通勤者上班出发时间与一般正常工作时间相比较早，晚上下班时间较晚，工作时间较长，属于工作强度较大的一类通勤者。

（3）早出早归：这部分通勤者早上出发时间较早，晚上下班时间正常，这种乘客可能是工作地点距居住地远，通勤出行行程较长，也可能是由于工作特殊性决定其上班时间早于一般乘客。

（4）晚出晚归：通勤者上班时间正常，但下班时间较晚，可能是由于其工作性质的特殊性造成其经常需要加班，也可能是个人为了躲避晚高峰拥挤状况，选择晚下班。

（5）出行时间灵活：这类人上班时间灵活，不符合一般工作时间特征，可能是由于其在工作时间选择上较为自由，为工作时间或职业不固定者，此类乘客由于时间上相对松散，虽没有明显特征，但人数较多。

三、通勤出行可视化分析

通勤出行乘客往往在出行时间上相对固定，空间上相对集中，根据上文中得到的通勤乘客出行模式划分结果，分别从时间和空间上对通勤出行进行可视化，观察可视化结果并分析各类出行模式特点。

在对通勤者出行模式进行分析过程中，本书选择每天具有两次固定出行的乘客，将这5类出行模式进行流量可视化，如图6-10所示。其中，横坐标表示出行日期，纵坐标表示客流量，为了清晰地观察每一类乘客，选择叠加效果的曲线图，每一类别数据累加显示。橙色表示早出晚归，蓝色表示正常出行，粉色表示早出早归，绿色表示晚出晚归，紫色表示出行时间灵活。其中，由于通勤出行乘客出行都分布在工作日，因此休息日出行均为0。

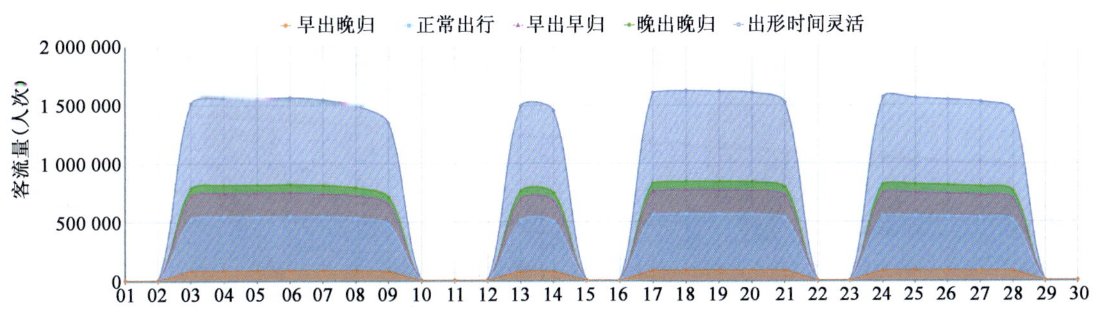

图6-10 通勤乘客一个月内流量变化

通过对图6-10的深入分析可知：

（1）对于出行时间相对灵活的通勤者，无法精确统计其出行时间，可以推测此类乘客为工作时间不固定者，此类出行模式乘客由于分布在各个不规则时间段内，相对松散，因此总体出行量较大。

（2）除出行时间灵活的通勤者之外，正常出行的通勤者所占比例最大，选择其他类出行模式的乘客较少，正常出行通勤者出行时间主要分布在早晚高峰时段，他们是通勤出行的主要乘客，客流量随时间变化浮动最小。

（3）早出晚归、早出早归和晚出晚归这三类通勤者相对较少，这部分乘客属于工作强度较大或上班时间比较特殊的乘客，因此总体人数相对较少。

（4）从各类出行模式的出行流量变化可知，客流量浮动较小，尤其是正常出行的乘客，每天出行量基本持平，由此可以证实通勤乘客出行相对固定。

进一步从空间角度观察各类出行模式，由于地铁乘客出行都往返于各站点，空间上采用半径不同的饼图对各个站点各类出行模式所占比例进行可视化。如图 6-11 选取其中 4 个典型站点观察可知：

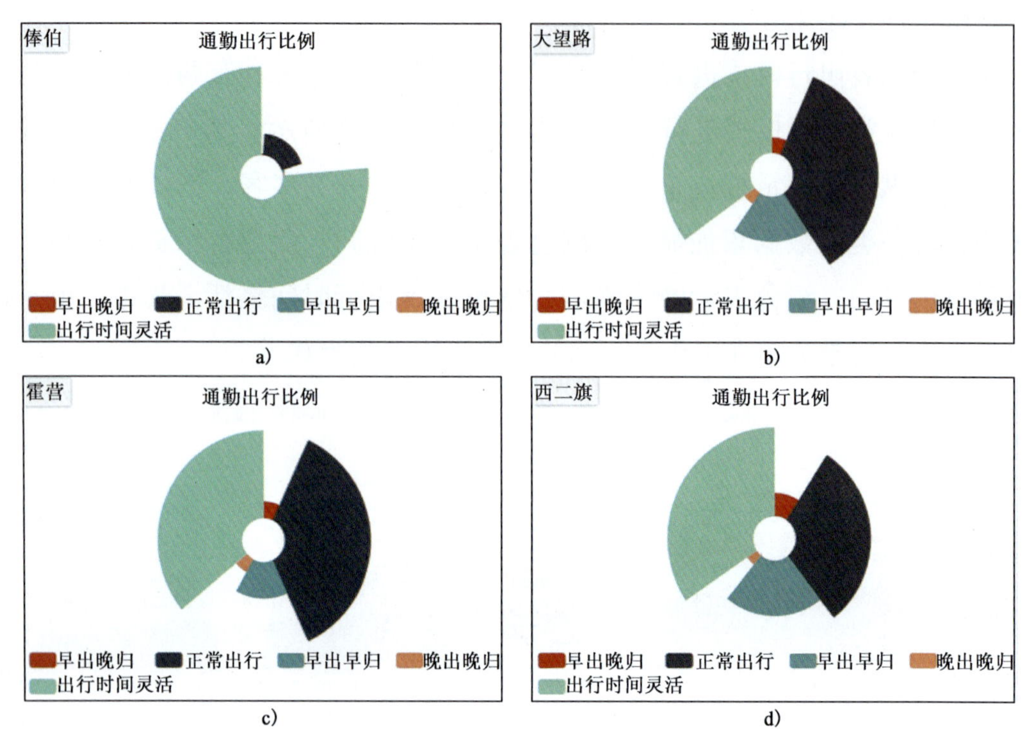

图 6-11 典型站点通勤出行模式比例

（1）图 6-11a）为俸伯站各类出行模式比例，俸伯站为 15 号线始发站，其各类出行模式中出行时间灵活的比例最大，正常出行人数较少，其他类出行模式极少，由此可以看出该站点地处郊区，常住居民较少，其正常通勤乘客也相对较少，且由于站点离市区较远，出行路程相对遥远，因此一般正常上下班乘客不选择居住在此站点周围。

（2）图 6-11b）为大望路站点，该站点出行时间灵活和正常时间出行的乘客均较多，早出早归的乘客也相对较多，这是因为大望路地区工作场所较少，住宅区集中，居住在该站点周围的通勤者距离工作地点较远，一般选择早出早归。

（3）图 6-11c）表示霍营，该站点是上班族居住聚集地，大部分居民为上班族，因此正常出行乘客最多，居住在霍营的大部分通勤者选择早晚高峰时间上下班。

（4）图 6-11d）为西二旗站，西二旗是上班族往返的大流量站点，附近聚集很多中小企业，周围站点居民区也较多，同时西二旗也是 IT 行业的聚集地，大部分上班族工作强度较大，因此早出晚归的乘客较多。

第七节　轨道交通异常出行客流空间分布热力图

前文已提及，小众出行是需要重点关注的出行行为，因其中隐匿了扒窃、卖艺、乞讨等异常出行行为的分布规律。因此，本节进一步采用热力图的形式，可视化北京市轨道交通乞讨/卖艺/扒窃等小众出行事件的高发区域热力图，如图 6-12 所示。

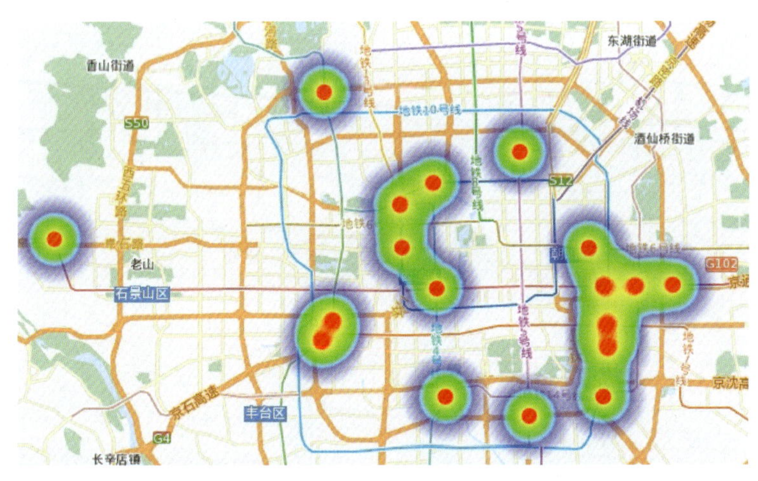

图 6-12　小众出行客流空间热力分布图

通过对图 6-12 的深入分析可知：

（1）异常事件，如乞讨、卖艺、扒窃等，多发生于拥挤的轨道交通 1 号线、2 号线、4 号线、5 号线、6 号线和 10 号线上。

（2）2 号线和 10 号线为无换乘环线线路，便于从事诸如乞讨或扒窃的异常行为，其中 2 号线的异常高发站点以西直门站为中心，辐射至积水潭站、车公庄站、阜成门站等站点。10 号线的异常高发站点为十里河站、劲松站、双井站等站点。

（3）其他线路的异常高发站点有可能为大型交通设施枢纽站点，如中关村站（位于 4 号线），宋家庄站及天通苑站（位于 5 号线），苹果园站、大望路站及四惠站（均位于 1 号线）；北京西站（位于 9 号线）。

（4）此外，异常高发站点地处北京市远郊村镇的概率也相对较高。例如，1 号线末端（苹果园站）以及 5 号线末端（天通苑站）均临近北京市远郊村镇，故乞讨人员的聚集密度相对较高。

同时，本节进一步分析异常出行模式的关联关系，发现 13 类异常出行团伙。采用热力图的表现形式，可视化这 13 类异常出行活动团伙的高发区域空间分布图，如图 6-13 所示。

通过对图 6-13 的深入分析可知：

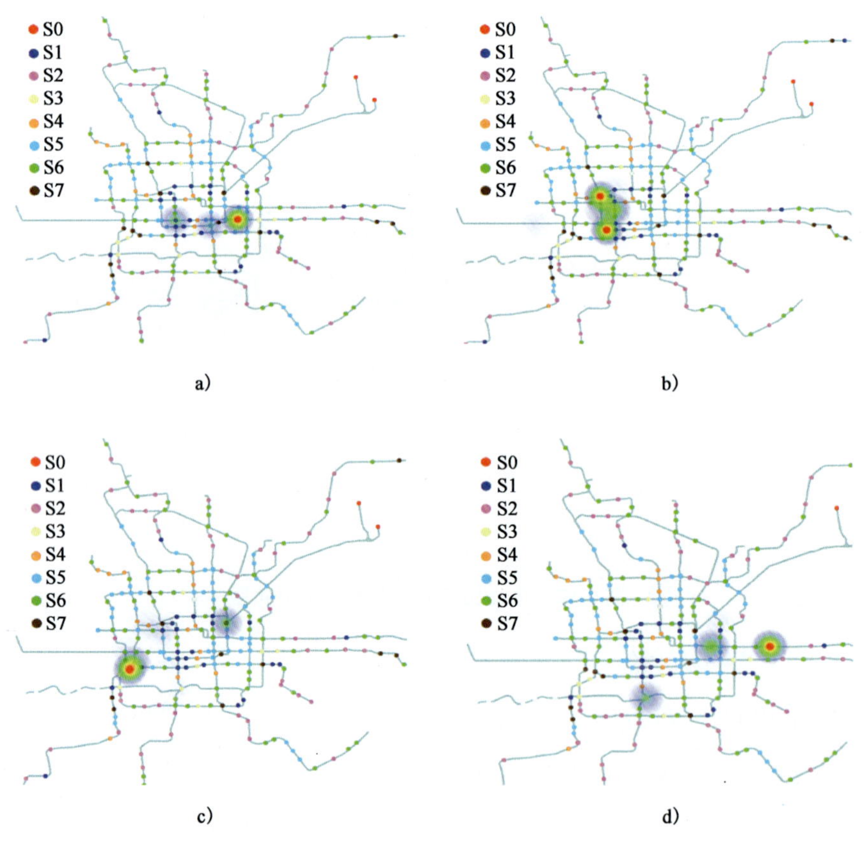

图 6-13

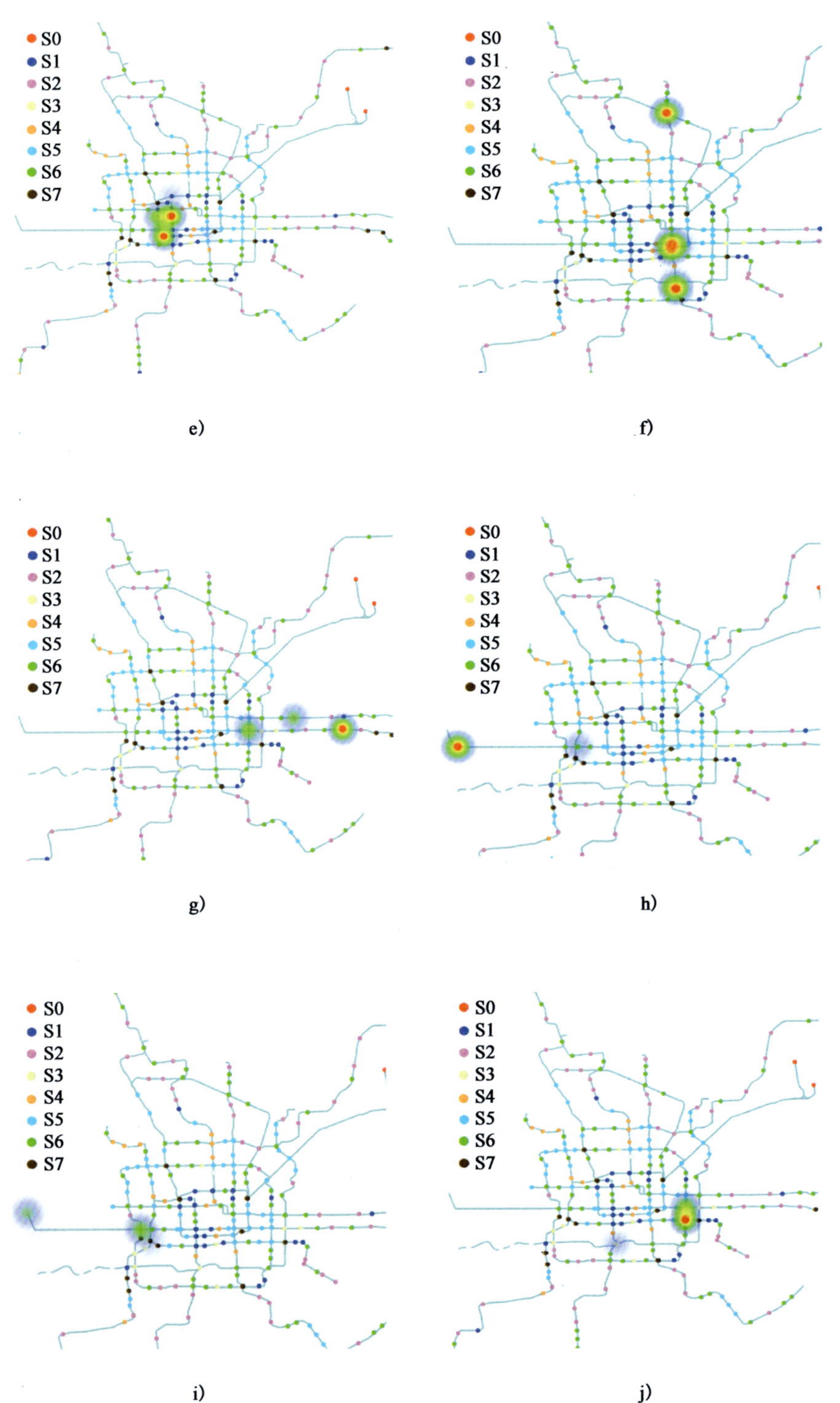

e)　f)　g)　h)　i)　j)

图　6-13

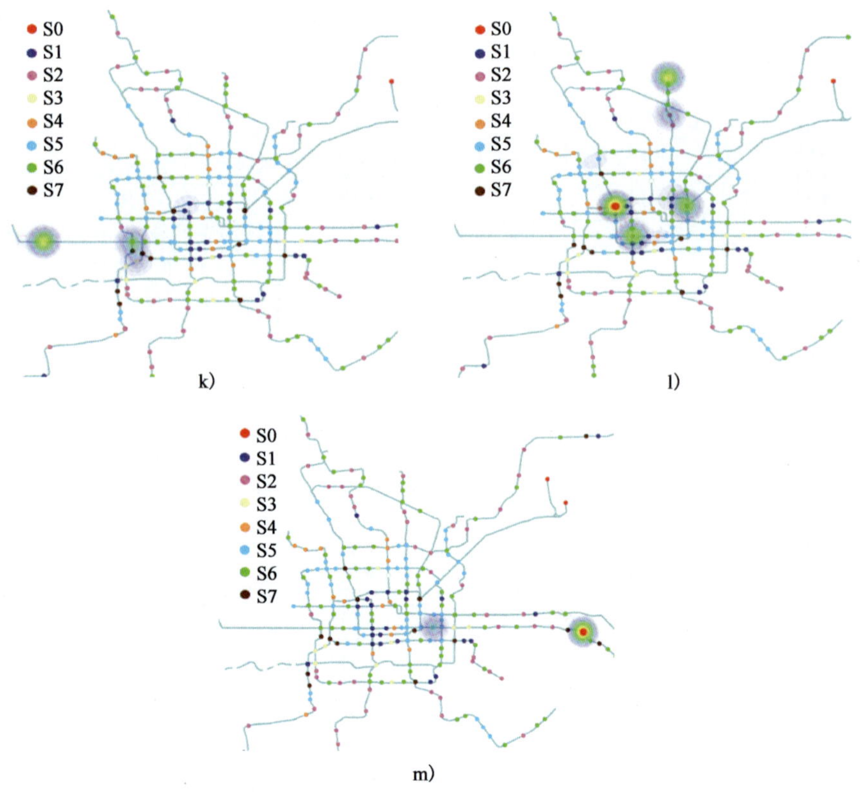

图 6-13 13 类异常出行团伙客流空间热力分布图

a）团伙 a；b）团伙 b；c）团伙 c；d）团伙 d；e）团伙 e；f）团伙 f；g）团伙 g；h）团伙 h；i）团伙 i；j）团伙 j；k）团伙 k；l）团伙 l；m）团伙 m

（1）团伙 a 主要活动于地铁 1 号线的永安里站（S5，最右）和西单站（S1，最左），也会出现在崇文门站（S5，中间）。永安里站位于娱乐购物中心世贸天阶附近，西单站为地铁 1 号线和地铁 4 号线的换乘站，崇文门站为地铁 5 号线和地铁 2 号线的换乘站并且与北京火车站只相距一站，这些站点的客流量都非常大，因此乞讨卖艺者及小偷经常出现。

（2）团伙 b 主要活动于地铁 2 号线的西直门站（S7，最上）和长椿街站（S5，最下），也会出现在地铁 4 号线的西四站（S6，中间）。地铁 2 号线为环形线路，是乞讨卖艺者及小偷容易乘坐的线路。另外，西直门站位于北京北火车站附近，长椿街站近邻宣武医院并且附近有商场及写字楼，西四距离西单购物中心较近，因此以上站点客流量也很大。

（3）团伙 c 主要活动于六里桥站（S7，左下）和东直门站（S5，右上）。六里桥站是地铁 7 号线和地铁 9 号线的换乘车站并且靠近北京西火车站，东直门站附近有较大的汽车枢纽站且有较多的写字楼，这两个车站客流量大且流动人员较复杂，因此异常出行乘客频繁出现。

（4）团伙 d 主要活动于地铁 6 号线的青年路站（S2，最右）和东大桥站（S5，中间），以及地铁 4 号线的北京南站（S3，左下）。

（5）团伙 e 主要活动于地铁 4 号线的西四站（S6，最上）和地铁 2 号线的长椿街站（S5，最下）、阜成门站（S5，中间）。

（6）团伙 f 主要活动于地铁 5 号线。由下往上依次为刘家窑站（S6）、磁器口站（S5）、崇文门站（S5）及立水桥站（S6），其中磁器口站、崇文门站和立水桥站均为换乘车站，客流量大。

（7）团伙 g 主要活动于地铁 1 号线的双桥站（S2，最右）、国贸站（S5，最左）及地铁 6 号线的青年路站（S2，中间）。

（8）团伙 h 主要活动在地铁 1 号线的古城站（S6，左）及军事博物馆站（S6，右）。古城站靠近村镇而军事博物馆站为地铁 1 号线和地铁 9 号线的换乘站并且靠近北京西站，乞讨卖艺者聚集较多。

（9）团伙 i 主要活动于 1 号线的苹果园站（S2，左）及公主坟站（S6，右）。地铁苹果园站也靠近村镇，而公主坟站为地铁 1 号线和地铁 10 号线的换乘车站。此团伙的活动区域与团伙 h 的活动站点接近。

（10）团伙 j 主要活动于地铁 10 号线的双井站（S5，中间）、国贸站（S5，最上）及地铁 4 号线的北京南站（S3，左下）。双井站及国贸站靠近 CBD，早晚高峰的客流量大，北京南站紧邻北京南火车站和永定门长途汽车站并且是地铁 4 号线和地铁 14 号线的换乘站，因此乞讨卖艺者和小偷容易聚集。

（11）团伙 k 主要活动于地铁 1 号线的八角游乐园站（S6，左）及公主坟站（S6，右）。此团伙的活动区域与团伙 h 和团伙 i 的活动站点接近。

（12）团伙 l 的活动站点较多，包括位于图上方的地铁 5 号线的天通苑北站（S2）及立水桥南站（S2），地铁 2 号线的西直门站（S7，最左）及东直门站（S7，最右），地铁 4 号线的西单站（S1，最下）。

（13）团伙 m 主要活动于 1 号线的通州北苑站（S7，右）及永安里站（S5，左）。

第七章 结束语

CHAPTER 7

“一幅图胜过千言万语”。信息时代带给人们前所未有的海量、高维、多源和动态大数据，迫切需要运用直观便捷的数据可视化方法对其进行直观描述。

本书参考图形学、数据挖掘、机器学习、大数据分布式计算等交叉领域理论和技术，采用新颖的数据可视化分析方法，结合北京市轨道交通丰富的应用案例，从时间、空间、属性等多源维度，挖掘北京市轨道交通出行中多要素的时空、属性分布特征。本书旨在可视化轨道交通出行数据背后隐藏的出行规律，以便于交通领域相关从业人员将其转化为知识及智慧。

本书分别通过城市轨道交通空间功能可视化、城市轨道交通网络客流统计分析可视化、城市轨道客流移动轨迹可视化、城市轨道交通客流出行特征可视化、城市轨道交通客流类别可视化等章节，详细描述北京市轨道交通多要素（如站点功能区、客流量、客流类别、移动轨迹、出行特征等）的时空、属性分布特征。其中，城市轨道交通空间功能可视化章节详细分析轨道交通站点的功能类别，并进一步介绍交通小区、行政区的空间分布特性；城市轨道交通网络客流统计分析可视化章节采用多个可视化案例分析的方式，介绍多种可视化方法在轨道客流可视化中的应用；城市轨道客流移动轨迹可视化章节采用直接可视化、聚集可视化和特征可视化的方法，对轨道中单一或群体客流的移动轨迹进行多角度多维度的可视化分析；城市轨道交通客流出行特征可视化章节提取轨道客流的多维出行特征，如出行次数、停留时间、出行距离或出行时间等，对各类特征进行可视化分析，并进一步可视化分析轨道出行与房价波动性的关联性；城市轨道交通客流类别可视化章节在城市轨道交通客流出行特征可视化章节的基础上，进一步对客流进行类别划分，同时分析各客流类别的时空分布属性。

未来本丛书将进一步基于出行数据交互处理的理论、方法和技术，深入研究数据交互可视化分析方法和图形界面系统，以便于交通相关从业人员能够自定义设置参数，挖掘出贴近其实践需求的图形化信息，以期为科学研究提供创新型数据分析工具和交互式技术手段。

参考文献

REFERENCES

[1] Card SK, Mackinlay JD, Shneiderman B. Readings in Information Visualization: Using Vision To Think [M]. San Francisco: Morgan-Kaufmann Publishers, 1999: 1-712.

[2] 任磊,杜一,马帅,等. 大数据可视分析综述[J]. 软件学报,2014,25(9): 1909-1936. http://www. jos. org. cn/ 1000-9825/4645. htm

[3] 陈为, 沈则潜, 陶煜波,等. 大数据丛书数据可视化[M]. 北京:电子工业出版社,2013:29-37.

[4] 袁晓如,张昕,肖何,等. 可视化研究前沿及展望[J]. 科研信息化技术与应用, 2011,2(4):3-13.

[5] 邱南森. 数据之美:一本书学慧可视化设计[M]. 北京:中国人民大学出版社,2013.

[6] Frankel F. Data Visualization: Drawing Out The Meaning[J]. Nature,2013,497(7448):186.

[7] 李国杰. 大数据研究的科学价值[J]. 中国计算机学会通讯, 2012, 8(9): 8-15.

[8] 张锋军. 大数据技术研究综述[J]. 通信技术,2014(11):1240-1248.

[9] 陈明. 大数据概论[M]. 北京: 科学出版社, 2014: 182-198.

[10] 俞宏峰. 大规模科学可视化[J]. 中国计算机学会通讯, 2012, 8(9): 29-36.

[11] Caroline Ziemkiewicz, Robert Kosara. The Shaping of Information by Visual Metaphors[J]. IEEE Transactions on Visualization and Computer Graphics, 2008, 14(6):1269-1276.

[12] Jean-Daniel Fekete, Jarke J. Wijk, John T. Stasko, Chris North. The Value of Information Visualization[J]. Information Visualization, Lecture Notes in Computer Science, 2008, 4950:1-18.

[13] N. Ferreira, J. Poco, H. T. Vo, J. Freire, C. T. Silva. Visual exploration of big spatio-temporal urban data: A study of new york city taxi trips[J]. IEEE Transactions on Visualization and Computer Graphics, 2013, 19(12): 2149-2158.

[14] H. Guo, Z. Wang, B. Yu, H. Zhao, X. Yuan, Tripvista: Triple perspective visual trajectory analytics and its application on microscopic traffic data at a road intersection[C]. IEEE Pacific Visualization Symposium, 2011:163-170.

[15] J. Pu, S. Liu, Y. Ding, H. Qu, and L. Ni, T-watcher: A new visual analytic system for effective traffic surveillance[C]. IEEE 14th International Conference on Mobile Data Management (MDM), 2013, 1:127-136.

[16] Y. Tanahashi, K. -L. Ma. Design considerations for optimizing storyline visualizations[J]. IEEE Transactions on Visualization and Computer Graphics, 2012, 18(12):2679-2688.

[17] Michal Migurski, Tom Carden, Eric Rodenbeck. Oakland Crimespotting. 2015. http://oakland. crimespotting. org

[18] Charles Joseph Minard. Map of French wine exports for 1864[M/OL]. 2012. http://en. wikipedia. org/wiki/Flow_map

[19] Pual Butler. Visualizing Friendship. 2010. http://www. facebook. com/note. php? note_id = 469716398919

[20] H. Gruendl, P. Riehmann, Y. Pausch, et al. Time-Series Plots Integrated in Parallel-Coordinates Displays [C] // Proceedings of Eurographics Conference on Visualization (EuroVis) 2016: 321-330.

[21] Basak A, Nathalie Henry R, Gonzalo R, et al. Design study of LineSets, a novel set visualization technique[J]. Visualization & Computer Graphics IEEE Transactions on, 2011, 17(12): 2259-2267.

[22] The New York Times Company. President Map. 2008. http://elections.nytimes.com/2008/results/president/map.html

[23] The New York Times Company. A Map of Olympic Medals. 2008. http://www.nytimes.com/interactive/2008/08/04/sports/olympics/20080804_MEDALCOUNT_MAP.html

[24] Hinrichs U. Bubble Sets: Revealing Set Relations over Existing Visualizations [J]. Bull. malays. math. sci. soc, 2003(2): 201-208.

[25] C. Tominski, H. Schumann, G. Andrienko, N. Andrienko. Stacking based visualization of trajectory attribute data[J]. IEEE Transactions on Visualization and Computer Graphics, 2012, 18(12): 2565-2574.

[26] 江玉林,韩笋生. 公共交通引导城市发展——TOD理念及其在中国的实践[M]. 北京:人民交通出版社,2009.

[27] Andrienko G, Andrienko N, Bak P, et al. Visual Analytics of Movement [M]. New York: Springer, 2013.

[28] Keim D, Andrienko G, Fekete J D, et al. Visual analytics: definition, process, and challenge[M] //Lecture Notes in Computer Science. Heidelberg: Springer, 2008, 4950: 154-175.

[29] http://baike.baidu.com/link?url=dDyajHYVBAHHD56L1GG6kk-cTcXTaHtf0qSQo17hIrKriSwGLaSBg9rXVrgQrprNhilm3d-6SACET3B3WwX5Uhsrg2FiJiROoAqTzGBe78BWUKF3f_0cUQuCGmyLj81

[30] http://baike.baidu.com/link?url=k41KNMVzi3-oyDLWRHiXQFrLphaD19Tpw0HnnPjmExXDHyk6jo54s2dSSCcvSsm4hQzEONhU0nHq3Ik_MCVGb1G3j7KLZJo0dRoUWosx1lpRYZ242Akh7e1_98MO3cK80sn40IFICHVZf89Ce0oWxL4CCHmzdENzJFt5jrf8iju

[31] 李绍纯. 北京行政区划格局解析[J]. 北京规划建设,2004,5:1-2.

[32] http://baike. baidu. com/link? url = NllcJoWSlnvTmGMUdwRI8G66N7ABAef-cm93MFUxZTFjjF1FzQ3Tj8QLdmQVFVb3X7ez4jUCu5QFBaGXDQJX7t6Ytls57_UJhIct5Hf-W2R3

[33] D. Blei, A. Ng, M. Jordan. Latent dirichlet allocation [J]. The Journal of Machine Learning Research, 2003,3:993-1022.

[34] 汪波. 城市轨道交通网络运营理论与应用[M]. 北京:人民交通出版社股份有限公司, 2014:46-69.

[35] Han J, Stefanovic N, Koperski K. Selective materialization: An efficient method for spatial data cube construction [M]. Lecture Notes in Computer Science. Heidelberg: Springer, 1998, 1394: 144-158.

[36] Andrienko G, Andrienko N. A general framework for using aggregation in visual exploration of movement data [J]. The Cartographic Journal, 2010, 47(1): 22-40.

[37] Andrienko G, Andrienko N, Heurich M. An event-based conceptual model for context-aware movement analysis [J]. International Journal of GeographicalInformation Science, 2011, 25(9): 1347-1370

[38] Dodge S, Weibel R, Lautenschütz A. K. Towards a taxonomy of movement patterns [J]. Information visualization, 2008, 7(3-4): 240-252.

[39] Eccles R, Kapler T, Harper R, et al. Stories in geotime [C] // Proceedings of IEEE Symposium on Visual Analytics Science and Technology. Los Alamitos: IEEE Computer Society Press, 2007: 19-26.

[40] Morency C, Trepanier M, Agard B. Measuring transit use variability with smart-card data [J]. Transportation Policy, 2007,14 (3):193-203.

[41] S. Lee, M. Hickman. Trip purpose inference using automated fare collection data [J]. Public Transportation. 2014,6(1-2)1-20.

[42] T. Louail, M. Lenormand, M. Picornell, et al. Uncovering the spatial structure of mobility networks[J]. Nature Communications, 2015, 6(6007):1-8.

[43] Jiang B, Liu X. Scaling of geographic space from the perspective of city and

field blocks and using volunteered geographic information [J]. International Journal of Geographical Information Science, 2012, 26(2): 215-229.

[44] 陈团生. 通勤者出行行为特征与分析方法研究[D]. 北京:北京交通大学,2007.

[45] 龙瀛,张宇,崔承印. 利用公交刷卡数据分析北京职住关系和通勤出行[J]. 地理学报. 2012, 67(10):1339-1352.

[46] Nicholas Jing Yuan, Y. Zheng, X. Xie, etc. Discovering Urban Functional Zones Using Latent Activity Trajectories [J]. IEEE Transactions on Knowledge and Data Engineering, 2015, 27(3):712-725.

[47] L. M. Kieu, A. Bhaskar, E. Chung. Passenger segment using smart card data [J]. IEEE Transaction of Intelligent Transportation System, 2015, 16(3): 1537-1548.

[48] Mi Kyeong Kim, S. P. Kim, J. Heo, et al. Ridership Patterns at Subway Stations of Seoul Capital Area and Characteristics of Station Influence Area [J]. KSCE Journal of Civil Engineering, 2016, 0:1-12.

[49] Inselberg A. The plane with parallel coordinates [J]. The Visual Computer, 1985, 1(2): 69-91.

[50] X. Zhao, Y. Zhang *, Y. Li, etc. Inferring Heterogeneous Mobility Patterns Based on Station Functionality and Spatiotemporal Regularity in Urban Subway [C]. Wangshington, D. C. The 97th Transportation Research Board Annual Meeting, 2017, 01.

[51] 郭婕. 公交 IC 卡通勤乘客 OD 确定方法研究[D]. 南京:东南大学,2006.